ESQUIZOFRENIA

Seus fenômenos perceptivos e cognitivos
na primeira pessoa

Editora Appris Ltda.
2.ª Edição - Copyright© 2024 dos autores
Direitos de Edição Reservados à Editora Appris Ltda.

Nenhuma parte desta obra poderá ser utilizada indevidamente, sem estar de acordo com a Lei nº 9.610/98. Se incorreções forem encontradas, serão de exclusiva responsabilidade de seus organizadores. Foi realizado o Depósito Legal na Fundação Biblioteca Nacional, de acordo com as Leis nos 10.994, de 14/12/2004, e 12.192, de 14/01/2010.

Catalogação na Fonte
Elaborado por: Dayanne Leal Souza
Bibliotecária CRB 9/2162

S588e	Simas, Maria Lúcia de Bustamante
	Esquizofrenia: seus fenômenos perceptivos e cognitivos na primeira pessoa / Maria Lúcia de Bustamante Simas. – 2. ed. – Curitiba: Appris, 2024.
	175 p. : il. color. ; 21 cm. - (Multidisciplinaridades em saúde e humanidade).
	Inclui referências.
	ISBN 978-65-250-6200-6
	1. Esquizofrenia. 2. Fenômenos perceptivos e cognitivos. 3. Psicose. I. Simas, Maria Lúcia de Bustamante. II. Título.
	CDD – 616.89

Livro de acordo com a normalização técnica da ABNT

Appris
editora

Editora e Livraria Appris Ltda.
Av. Manoel Ribas, 2265 – Mercês
Curitiba/PR – CEP: 80810-002
Tel. (41) 3156 - 4731
www.editoraappris.com.br

Printed in Brazil
Impresso no Brasil

Maria Lúcia de Bustamante Simas

ESQUIZOFRENIA

Seus fenômenos perceptivos e cognitivos
na primeira pessoa

Appris
editora

Curitiba - PR
2024

FICHA TÉCNICA

EDITORIAL Augusto Coelho
Sara C. de Andrade Coelho

COMITÊ EDITORIAL Ana El Achkar (UNIVERSO/RJ)
Andréa Barbosa Gouveia (UFPR)
Conrado Moreira Mendes (PUC-MG)
Eliete Correia dos Santos (UEPB)
Fabiano Santos (UERJ/IESP)
Francinete Fernandes de Sousa (UEPB)
Francisco Carlos Duarte (PUCPR)
Francisco de Assis (Fiam-Faam, SP, Brasil)
Jacques de Lima Ferreira (UP)
Juliana Reichert Assunção Tonelli (UEL)
Maria Aparecida Barbosa (USP)
Maria Helena Zamora (PUC-Rio)
Maria Margarida de Andrade (Umack)
Marilda Aparecida Behrens (PUCPR)
Marli Caetano
Roque Ismael da Costa Güllich (UFFS)
Toni Reis (UFPR)
Valdomiro de Oliveira (UFPR)
Valério Brusamolin (IFPR)

SUPERVISOR DA PRODUÇÃO Renata Cristina Lopes Miccelli
PRODUÇÃO EDITORIAL Alana Cabral e Fernando Nishijima
REVISÃO Bruna Fernandes Martins
DIAGRAMAÇÃO Thamires Santos
CAPA Tarliny da Silva e Maria Lucia de Bustamante Simas
REVISÃO DE PROVA Renata Cristina Lopes Miccelli

COMITÊ CIENTÍFICO DA COLEÇÃO MULTIDISCIPLINARIDADES EM SAÚDE E HUMANIDADES

DIREÇÃO CIENTÍFICA **Dr.ª Doutora Márcia Gonçalves (Unitau)**

CONSULTORES Lilian Dias Bernardo (IFRJ)

Taiuani Marquine Raymundo (UFPR)

Tatiana Barcelos Pontes (UNB)

Janaína Doria Líbano Soares (IFRJ)

Rubens Reimao (USP)

Edson Marques (Unioeste)

Maria Cristina Marcucci Ribeiro (Unian-SP)

Maria Helena Zamora (PUC-Rio)

Aidecivaldo Fernandes de Jesus (FEPI)

Zaida Aurora Geraldes (Famerp)

Dedico este livro, sobretudo, a duas pessoas: àquela que veio a me considerar entre suas piores inimigas e àquele que sempre se considerará meu eterno amigo. Pessoas que, por me fecharem tão completamente as portas em suas opções pessoais, abriram-me um espaço enorme para voar. À primeira, que por não acreditar o suficiente em sua própria competência, e ainda que seja exímia em política universitária e, às vezes também em política científica, forçou-me, por sua extrema oposição e desconsideração, a construir palmo a palmo o meu próprio espaço de pesquisa e trabalho, tão intensa e demoradamente, ao ponto de vir a me fazer perder, por excesso de envolvimento com meu trabalho, a convivência de meu marido. À segunda, meu marido e eterno amigo, que, ao optar, ainda que em extremo sofrimento, por convivência mais tranquila e segura ao lado de outra amiga, durante 20 anos dividiu comigo o entusiasmo apaixonado à pesquisa e à política científica e que, ao me deixar por insistência minha, que lhe fechei outras opções, fez-me buscar conhecer e compreender a vida, durante um ano e meio, como cantada por Billie Holiday em "Good Morning Heartache", depois como a viram Antônio Carlos Jobim e Newton Mendonça em "Insensatez" e "Meditação", e, quase um ano depois, como a viu Ednardo em "Longarinas", como a viu A. C. Belchior em "De Primeira Grandeza" e "Jornal Blues [Canção Leve de Escárnio e Maldizer]", ou ainda como a viu "Chico Buarque" em "Soneto", "Caçada" e "Baioque". Quando, então, finalmente deixei Recife, o Nordeste do Brasil, cuja gente, música, danças, expressões coloquiais, sotaque e costumes aprendi a amar.

Dedico também este livro à vida. Como ela é.

E aos fenômenos que busco apreender, conhecer e compreender. Como cientista, aprendi que saber predizer inequivocamente tendências futuras no desenrolar das relações interpessoais, ao invés de nos trazer satisfação, pode nos causar grande dor. E ao contrário do que sempre busquei na ciência como motivo de orgulho e sabedoria, comecei a desejar na vida um pouco mais de indeterminação.

A. M., que me falou da concepção de Caetano em *Cajuína*: "Apenas a matéria vida era tão fina!" e da de Guimarães Rosa em *Grande Sertão: Veredas*: "Mire veja: o mais importante e bonito, do mundo, é isto: que as pessoas não estão sempre iguais, ainda não foram terminadas – mas que elas vão sempre mudando. Afinam ou desafinam. Verdade maior. É o que a vida me ensinou.". Os resultados de nossas discussões sobre concepção de desenvolvimento, unidades de análise e métodos de pesquisa também estão presentes neste livro.

Ao Prof. C. E., que sempre me acolheu tão bem e que, ciente ou não do efeito de seus comentários, incentivou-me a chegar a escrever este livro, a minha eterna lembrança das conversas maravilhosas sobre ciência e política científica e, acima de tudo, de sua mais absoluta e irrestrita falta de preconceito sobre minha então alegada psicose.

Não posso terminar sem falar de nossa grande família da qual, por sua diversidade e ainda que sem nos apercebermos, extraímos determinação e amor à vida.

Este livro traz em si o elevar de uma taça do magnífico vinho oferecido por Tutti e Henrique, o que faço em saudação à saúde, força e ousadia de minha mãe, à calma e perseverança de meu pai, ao carinho e à análise do discurso de Ana Luíza, aos diálogos e refinamentos de Chico e família, à homeopatia do Jorge, ao francês da Cristina, à coragem, ao desafio, à marginalidade e à vida de Ivan, à Gina e aos seus filhos, às maquetes do Marcos, à psicologia da Sílvia, à independência tão intensamente procurada por Maria Teresa, ao sucesso de Sérgio, à hospitalidade e ao carinho de Paulo e Elzely, à luta de Maria Cristina, à vida e à pesquisa de Pedro, assim como a Fernando e Martha, Luís Fernando e Glória, Ricardo, Guilherme e a todos os 18 sobrinhos.

Estão todos presentes aqui porque fazem parte de minha vida e, indelevelmente, de minha memória, que, desafiando o tempo, os guarda como eternos, a um só instante, em todas as suas idades e em todos os seus momentos de interação comigo. E pelo menos enquanto o sangue que corre em minhas veias lá os nutrir.

A Alexandre e Adriana: duas das minhas maiores alegrias de viver.

Nota: desde então, mais alegrias na minha vida: André, Augusto e Andréa (e família).

Desde que comecei a escrever este livro se passaram 24 anos. Estamos em abril de 2017 e comecei a escrever no segundo semestre de 1993. Após meu primeiro surto, que descreverei em detalhes, minha psiquiatra optou por me dizer que podia ter sido confusão de pensamentos, psicose, longe de usar o termo esquizofrenia, que provavelmente teria me apavorado. Por isso, comecei a escrever este livro falando de psicose e não de esquizofrenia, um diagnóstico que obtive 10 anos após meu primeiro surto em 1985, e que me foi dado somente em 1995, quando estava terminando meu pós-doutorado na UFRJ. O restante fala da esquizofrenia como aprendi a conhecer.

Agradeço a todos os amigos, colegas e alunos que me incentivaram e insistiram que eu escrevesse este livro. A estes, toda a minha mais sincera gratidão.

APRESENTAÇÃO

O problema que fundamenta e estimula esta pesquisa transpassa indagações de cunho unicamente científicos, mas tem sua origem em uma história pessoal repleta de superação e dedicação pela busca do conhecimento. Trata-se aqui, antes de qualquer coisa, da experiência de vida de Maria Lúcia de Bustamante Simas, professora do Departamento de Psicologia da Universidade Federal de Pernambuco e idealizadora desta obra.

Maria Lúcia iniciou sua vida acadêmica na Queen's University At Kingston, onde se graduou em Bachelor of Arts. Seu interesse pela Psicologia fez com que em 1982, nessa mesma universidade, obtivesse seu diploma de mestrado em Psicologia e posteriormente, em 1985, alcançasse o doutorado nessa incrível área de conhecimento.

À época não lhe passava pela mente a maneira por meio da qual a interface "psicologia, neurociência e artes" estaria tão intimamente ligada a sua vida pessoal e como o percurso desta última repercutiria em sua posterior trajetória profissional.

Ao final de seus estudos em Kingston, Maria Lúcia deparou-se com algumas mudanças em seu modo de agir, pensar e perceber o ambiente a sua volta. Tais mudanças lhe trouxeram uma fase de instabilidade emocional relativamente duradoura. Seu primeiro surto se deu em dezembro de 1985, e após um ano foi desencadeado o segundo. A evidência de um problema em sua saúde mental estava clara. No entanto, apenas em 1994, depois do último grande surto, sua doença foi finalmente diagnosticada e ela percebeu que estava diante de uma dolorosa realidade: a esquizofrenia.

Diante dessa difícil notícia, Maria Lúcia, de uma forma inusitada, soube usar a seu favor a chance que tinha de estudar os sintomas esquizofrênicos de uma maneira que apenas aqueles que possuem a doença são capazes: vivenciando-os e percebendo-os de dentro, ao mesmo tempo em que tomou para si o objetivo de tentar minimizar, por intermédio da ciência, o sofrimento e os efeitos negativos causados naqueles que possuem essa condição.

Durante os surtos em que predominavam os sintomas positivos da doença e de posse de sua curiosidade científica, Maria Lúcia observou um fenômeno inquietante: a formação de imagens espontâneas, que ela, posteriormente, definiu como concatenação de formas (SIMAS, 2011). Passou, então, a medir tais imagens por meio de uma técnica simples ensinada por um professor amigo seu, em que a uma distância de 30 centímetros de seu rosto e com apenas um dos olhos aberto podia, com a própria mão, medir o tamanho das imagens que apareciam à sua frente.

A partir dessa técnica e após um longo período de observação, percebeu que, nos momentos em que o surto estava no auge, as figuras espontâneas cujos tamanhos, tal como mensurados por meio das bordas compreendidas entre os dedos indicador (na borda superior) e polegar (na borda inferior) a 30 cm, podiam atingir até 10 cm. No entanto tais imagens tendiam a diminuir, em média para 1 cm, ou menos, na medida em que se inseria o uso de medicação. Estava, portanto, diante de uma potencial descoberta científica e passou a se dedicar aos estudos de alterações de forma e tamanho em pacientes diagnosticados com esquizofrenia.

Um dia, em um eventual passeio a uma livraria, deparou--se com uma obra do pintor Salvador Dalí, e no instante em que olhava uma de suas figuras percebeu que, na verdade, aquilo se tratava da livre expressão de seus sintomas. A concatenação de formas presente nas obras de Dalí assemelhava-se àquela que observou durante a fase de sintomas positivos de sua doença. A partir desse momento em que, para ela, Dalí deixou de ser apenas um pintor surrealista, passou a considerar a possibilidade de utilizar as obras de Dalí para a investigação dos sintomas positivos da esquizofrenia.

A experiência vivenciada por essa renomada professora deu origem, em 2002, ao primeiro estudo científico sobre a percepção alterada de forma e tamanho em pacientes com esquizofrenia, utilizando os quadros de Salvador Dalí para a sua marcação. Esse estudo inicial foi o precursor de diversos outros que seguiram essa mesma linha de pesquisa, e o presente trabalho é apenas mais um passo em direção ao objetivo advindo dessa experiência digna de nota, em que os percalços da vida foram transformados em um belíssimo desafio.

Trecho extraído da dissertação de Fernanda Santos Fragoso Modesto, 2012 (MODESTO, 2012), na área da Psicologia da Percepção e Processamento Visual.

PREFÁCIO

Partilhando com Maria Lúcia intensos momentos de diálogo e reflexão, em diversas condições de vida, e sendo uma das grandes incentivadoras desta sua publicação, vejo-me agora instada a dela participar, escrevendo algumas palavras à guisa de um preâmbulo.

Faz tempo que minha irmã pergunta se eu não gostaria de escrever um texto para compor o seu livro, falando da perspectiva de quem acompanhou, de fora, muitos momentos de sua história de vida. Ela encontrou neste prefácio um forte e delicado argumento para me convocar. Seu convite, feito com a maior deferência, comove-me profundamente.

Muitas vezes me vi como uma pessoa de referência, confidente e solidária, depositária de sua confiança em momentos de grande confusão. Acompanhá-la nos surtos, a distância; seguir suas elaborações em longas conversas telefônicas; escutá-la com atenção e levá-la em conta em seus delírios; procurar compreender, contraditoriamente, sua lucidez, sua imperiosa busca de sentido; constituíam para mim um enorme e constante desafio. Como ter acesso ao outro? Como partilhar conhecimentos, afetos e sentidos? Como significar a vida no descontrole das conexões das funções mentais?

Atuando nos campos da educação e da psicologia do desenvolvimento humano, eu me flagrava, incontáveis vezes, surpreendida, intrigada, provocada, desconcertada, numa mistura de afetos e sentimentos, procurando fazer sentido, com ela, do que lhe ocorria na esfera subjetiva. Nós duas, em busca de compreensão e explicação dos fenômenos, sofríamos juntas. Concordávamos em vários pontos, mas partíamos de pressupostos e hipóteses explicativas diferentes. Enquanto ela buscava a explicação na fisiologia e desenvolvia argumentos que respaldavam a disfunção orgânica, eu me indagava sobre os impactos das condições de vida e das relações sociais que desencadeavam as emoções e provocavam o estresse.

Ela falava dos desconcertos, da dimensão orgânica alterada, da hipersensibilidade, da sensorialidade exacerbada – visual, auditiva, tátil –, da compulsão, do descontrole no estabelecimento das relações, da luta pela preservação da integridade mental. Falava das distorções e alterações perceptivas enquanto se desdobrava como sujeito de suas próprias observações. É desse lugar, dessa posição, que ela se investiga, buscando desenvolver, perscrutar e interpretar a percepção dos processos vivenciados internamente.

Em diversas instâncias, ela mostrava, angustiadamente, a perda de referência num jogo de relações; em outras, comentava sobre a mobilidade dos pronomes que produziam a (con)fusão de pessoas e processos e geravam as dificuldades em manter os contornos do "eu". Eu me perguntava incansavelmente sobre os limiares entre o normal e o patológico e conjecturava sobre os processos subjetivamente *sentidos*, sobre os *sentidos* subjetivamente produzidos. Nos diálogos com ela, me vinham sempre à lembrança "O Duplo" de Dostoievski, os heterônimos de Fernando Pessoa, "Eu sou o Outro" de Rimbaud, o teatro de Artaud, os trabalhos de Canguilhem, de Oliver Sacks, de Antônio Damásio, de Nise da Silveira, que apontavam para as mais incríveis e fecundas possibilidades de criação humana em estados alterados da atividade mental!

Quantas e quantas vezes nos engajávamos em calorosos e acirrados debates! Havia momentos em que eu tentava argumentar sobre a "normalidade" dos fatos e processos. Ela contestava veementemente e insistia em evidenciar a descontrolada reiteração das relações absurdas, a frequência ou intensidade de determinado fenômeno e discorria sobre a neurofisiologia e a bioquímica do organismo.

Os estudos e o conhecimento dos processos básicos contribuíam para que ela se mantivesse "em alerta" no estabelecimento de múltiplas relações – entre a ingestão de medicamentos e as decorrências de determinadas drogas, as alterações e os desequilíbrios hormonais, os efeitos cumulativos da cortisona, por exemplo. Ela "percebia", "sentia", "identificava" esses processos básicos na vivência observada de si mesma. Lembro-me de uma situação em que ela chegou ao hospital, sozinha, solicitando uma ressonância magnética, na certeza de evidenciar o desconcerto dos processos.

É interessante perceber como, no conflito de relações e interpretações, ela encontra justamente na Arte, especialmente nas obras de dois artistas – na música de Raul Seixas e nas pinturas de Salvador Dali – outras formas de *ressonância* que a afetam e mobilizam intensamente, numa relação especular de seus desconcertos. É na análise da produção desses artistas que ela evidencia a concretude e as manifestações dos sintomas experimentados, então compartilhados – e que irão, posteriormente, se tornar importantes dispositivos de investigação e diagnóstico em seus trabalhos científicos.

Este livro resulta, assim, de uma experiência singular de vida, na qual a autora pesquisadora, que vivencia por dentro o sofrimento das desregulagens do funcionamento mental, problematiza e analisa essa vivência do ponto de vista da ciência que ela estudou, reunindo uma sólida formação em psicologia experimental, especialmente os estudos da percepção, com estudos em psicofarmacologia e neurociências, na interpretação de seu próprio adoecimento psíquico.

O fazer ciência se lhe tornou constitutivo. Mesmo em estado alterado, ela não deixou, em nenhum momento – e as cartas que compõem a segunda parte do livro testemunham –, de ser uma estudiosa, de ser cientista, de trabalhar com os procedimentos e métodos que aprendeu. É por esse prisma que interpreta sua condição.

A contribuição especial desta obra está, portanto, nas particularidades da descrição do fenômeno da desintegração psíquica pela perspectiva de quem vive e sente o desconcerto por dentro, na narrativa e no depoimento que se ancoram na experiência vivida, significada, refletida, investigada. Atenta aos sinais preliminares e indicativos da emergência de um surto, Maria Lúcia aprendeu a perceber, e agora ensina a enxergar, algumas nuances do processo.

Com o reconhecimento público de seu sofrimento psíquico, seu trabalho investigativo se redimensiona e as pesquisas que vêm sendo realizadas há quase duas décadas no Laboratório de Percepção Visual, LabVis, da UFPE, ganham maior amplitude e relevância. O desejo e a aposta é que sua voz, sua experiência, seu conhecimento, sua extrema generosidade, seus afetos, compartilhados com os integrantes de sua equipe de pesquisa e com colegas e profissionais das muitas áreas afins, e agora parcialmente divulgados neste livro, possam repercutir positivamente não só nas pesquisas acadêmicas, mas na vida das pessoas que também vivenciam essa condição (de sofrimento) humana, demasiadamente humana.[1]

Com o maior carinho e admiração,
da irmã,

Ana Luiza Bustamante Smolka
Professora livre docente
Departamento de Psicologia Educacional
Faculdade de Educação
Universidade Estadual de Campinas Pesquisadora CNPq 1C

---

[1] Por sua experiência e pelas condições específicas de emergência da esquizofrenia em sua vida, sua proposta, além do alerta e da explicitação dos sintomas, envolve a medicalização – preventiva e adequada – o mais cedo possível. Este ponto gera, novamente, importante controvérsia entre nós. Compreendendo seu ponto de vista e admitindo, em alguns casos, a pertinência de medicamento, não posso deixar de chamar a atenção para um outro lado do problema, com o qual ela também concorda, que diz respeito à medicalização indiscriminada que vemos acontecer, por exemplo, com as crianças no cotidiano escolar. Se Maria Lúcia aprendeu a perceber e a conhecer os sintomas por dentro, ela também aprendeu a argumentar sobre os efeitos nefastos e devastadores das drogas, discutindo com os psiquiatras sobre esses efeitos e ajustando cuidadosamente medicamentos e dosagens. Outras pessoas, e sobretudo as crianças, não têm como argumentar e se defender. Nesse sentido, toda cautela é pouca! Além da importância de pesquisas e debates, se evidencia com força a necessidade do trabalho sensível e competente dos profissionais da saúde e da educação.

SUMÁRIO

SER ESQUIZOFRÊNICA 21

VIVENDO ESQUIZOFRENIA 65

SEQUÊNCIA DE CARTAS A UM AMIGO 89

PARA FINALIZAR 173

REFERÊNCIAS 175

SER ESQUIZOFRÊNICA

Um breve histórico

Faz-se necessário, como um aspecto intrínseco ao livro, colocar alguns fatos biográficos que são relevantes ao contexto. Trata-se, na realidade, de uma *feliz* combinação de eventos ao longo de minha vida. Primeiro, sofro de asma crônica, segundo os meus pais, desde os três anos de idade. Esse fato me fez passar por eventos extremos de estimulação do sistema simpático nas mais diversas circunstâncias: com ingestão de sulfato de efedrina, cloridrato de *difenidramina [Benadryl], Revenil* [?] etc., inalação de *nor-epinefrine* [da Boeringer Ingelheim, antes de surgirem os aerossóis], injeções intramusculares de adrenalina *[epinefrine]* ou intravenosas de teofilinas etc. Sempre ao final de toda essa epopeia, se acabava por iniciar a administração de corticoides. Primeiro, *Decadron [Dexametasona]*, 5 mg. Cheguei a tomar *Decadron*, 5mg por dia, por anos seguidos durante minha infância até por volta de 10 anos. No início de minha adolescência surgiram os aerossóis [*Alupent* da Boeringer Ingelheim] e a *Triancinolona* da *Lederle* em 4 ou 8 mg [excelente sal; melhor sal que o *Oncilon* da Squibb; comentários baseados no efeito terapêutico percebido]. A Triancinolona da *Lederle* passou a ser meu corticoide preferido por evidentes efeitos terapêuticos e muito menores efeitos colaterais [sobretudo ganho de peso]. Tudo isso regado à antibióticos, *Tetrex, Bactrin* e, eventualmente, também *Binotal* na pneumonia dupla em 1975. Os médicos que acompanharam esse processo foram Dr. Brun Negreiros e Dr. Rios, da Policlínica do Rio de Janeiro.

Em 1972, eu havia entrado em Química na PUC/RJ, em primeira opção [6º lugar, entraram 7], e acabei por trancar matrícula em 1973 por problemas que envolveram, minha saúde, as finanças de meu pai e Cálculo I. Considero-me jubilada em Cálculo I na PUC/RJ. Na última prova da terceira e última vez a que tinha direito de fazer o curso, eu precisava de 9.0 na prova final de múltipla escolha, o professor pediu a todos os que poderiam ser jubilados que se identificassem, e nos entregou as respostas em uma bola de papel amassado. Fiz a prova. Tirei nove. E tranquei o curso de graduação. Não dava para fazer química naquelas condições. Decidi que matemática, sobretudo cálculo, não poderia ser parte mandatória do curso universitário que eu quisesse fazer. Eu queria ir na direção de bioquímica. Medicina não dava. Eu não sabia nada de biologia. Comecei a namorar a psicologia, porém, como almejava sair do país depois que casasse, comecei a almejar só fazer graduação no exterior, se fizesse uma. No país eu não via opção que me interessasse naquela época.

Meu marido formou-se em Química na PUC/RJ em dezembro de 1975. Casamo-nos em 3 janeiro de 1976, indo morar num "kitchenette" alugado em Campinas para que ele iniciasse seu mestrado na UNICAMP em março. O mestrado foi obtido até dezembro de 1977, quando optamos por que ele se demitisse da UNICAMP [onde já estava contratado], vendemos todas as nossas coisas, e partimos para o Canadá em 3 de janeiro de 1978, atrás do doutorado de A. e, possivelmente, de minha graduação, com duas malas grandes, dois mil dólares americanos e sem qualquer visto de estudante. O visto não chegara na embaixada há tempo e nós partimos assim mesmo.

Foi assim que tive uma oportunidade relativamente rara na vida de uma brasileira de classe média, e em tempos de ditadura, a de ter uma graduação em um dos melhores departamentos de psicologia do Canadá (com 12 áreas de psicologia experimental), o que me proporcionou uma visão bastante ampla em psicologia da percepção e fisiológica, inclusive ao nível de mestrado e doutorado. Dentre os experimentos realizados com ratos no laboratório de graduação na disciplina Psicologia Fisiológica foram incluídos: inserção do eletrodo e medições de reforço por ICSS, lesão da amígdala e "kindling" por estimulação sucessiva e programada até observação dos sintomas de convulsões, lesão do hipotálamo ventromedial associada à obesidade, e observação do comportamento dos ratos colocados em "wheels" após cirurgia com indução da depressão alastrante. Além de perfusão, micro fatiamento do córtex e histologia. Tudo isso realizado no próprio **Departamento de Psicologia** da Queen's University at Kingston, Ontario, Canada.

Mais tarde, essas oportunidades raras se transformaram em uma mais rara ainda, que se consistiu em eu atravessar momentos de durações variadas com características que são peculiares aos sintomas classificados como pseudo-psicose [por vezes paranoia] durante o primeiro e segundo ano após minha volta ao Brasil, aos 32 anos.

Psicose: um lugar privilegiado

Hoje considero o estado de psicose um lugar privilegiado para um cientista observar e analisar o funcionamento da mente humana, sua organização, suas interconexões, seu mau funcionamento, suas informações pré-privilegiadas em que características [que poderiam ser da espécie ou serem específicas daquele indivíduo] adquirem uma prioridade que fica mascarada em condições normais de pensamento, sua modulação de emoções, seus mecanismos de "COPE with STRESS" (lidar com o estresse), sua busca de equilíbrio [que equilíbrio é esse?], seu sistema de atribuição de significados, sua compulsão em interconectar eventos contíguos e semânticos similares, suas bifurcações de significados (p.e. Semente? Helminto!, vide letras das músicas "Todo Mundo Explica" de Raul Seixas, "Jornal Blues" de Belchior, "Objeto não identificado" e "Outras palavras" de Caetano, "Construção" de Chico Buarque), suas confusões de referenciais [eles, nós, eu, você e ele], seu sensível e mensurável *"SLOWING DOWN IN PROCESSING" (lentificação do pensamento)*, suas interrupções por estímulos perceptivos de características identificáveis e consistentes (vide exemplo do ônibus com motor produzindo barulho de alta frequência e seu número; a sensibilidade à variação da voltagem no motor de ventiladores estáticos; ou compressores de condicionadores de ar; os sons insuportáveis de alta frequência gerados por luzes fluorescentes instaladas em ônibus; os feixes de brilho intenso provenientes de reflexo da luz solar etc.), sua redução mensurável de "buffer" (que alguns chamam de memória de trabalho) para processamento (capacidade de ler, ouvir, ou processar uma frase ou parágrafo etc.), sua compulsão em atribuir significado a gestos, seu estado de pré-convulsão a nível de pensamento e não motor, entre tantos outros pequenos efeitos observados.

Acredito, dentro desse contexto, ter conhecimento genérico bastante para centrar e explicar conceitos básicos que poderiam constituir fenômenos em si, além de constituir uma forma de abordá-los.

Um preâmbulo à cognição em psicose

Aquilo que a cognição humana, que nós tanto prezamos, tem de mais fascinante, ou seja, essa habilidade fantástica de perceber relações entre eventos, essa habilidade que nós exaltamos por suas possibilidades de ser extremamente lógica, dedutiva, ou como no caso de um raciocínio tipo Sherlock Holmes, ou como o encontrado nos livros de Agatha Christie ou ainda, de forma brilhante em "O Nome da Rosa" de Humberto Eco (apresentado sinteticamente em filme), ou ainda repetidamente em Edgar Alan Poe (p.e., *Mistério de Maria Gorett"*); é exatamente **essa habilidade** a que nos fere intrinsecamente, incontrolavelmente, na psicose, e que pode ser letal por levar a um atentado contra a própria vida para finalmente se cessar de pensar compulsivamente criando e elaborando relações absurdas entre eventos vividos, observados ou já imaginados. Sofrendo intensamente a níveis insuportáveis ao organismo pelo excesso de insônia (se sonha acordado, misturando a realidade com o sonho imaginado, sem qualquer registro de sonho ou realidade), pela falta de apetite e, sobretudo, pela total e completa impossibilidade de parar de sonhar e criar novos pensamentos e realidades. Predominantemente, pensamentos e lembranças dolorosas e que estimulam a baixa autoestima e a suspeita intensa.

A cognição na psicose: o referencial do indivíduo

Na patologia geralmente identificada como psicose os pensamentos que ligam eventos quase à deriva, que ocorrem de forma aleatória e ao sabor dos estímulos mais salientes do ambiente, e também ao sabor das memórias mais antigas de eventos marcados por profunda emoção/comoção, não são sempre de natureza infeliz: algumas relações são deliciosa e divertidamente absurdas, provocando risos repentinos e intensos que são externalizados pelo indivíduo (como tantos de nós o fazemos em condições normais ao lembrar alguma conversa ou piada). O problema que afasta da normalidade é que essas relações entre eventos ocorrem muito rápidas, sem rumo definido, e mudam o seu teor rapidamente sempre sob forte emoção, passando de relações absurdas que provocam reações divertidas às que provocam reações intensas de mágoa, dor, e manifesta emoção de incredibilidade. O impressionante é que a reação do indivíduo é de identificar o absurdo da relação, mas não poder erradicá-la de seu pensamento como de ocorrência *IMPOSSÍVEL*. A simples possibilidade de que poderia não ser um absurdo coloca essa cognição em condições de patologia em uma situação que a impede, insidiosamente, de relegar à menor prioridade ou condenar ao esquecimento o conjunto total das relações absurdas (criadas e/ou elaboradas). Como se fosse o conteúdo de um sonho que não se pode esquecer.

Esse conteúdo parece ficar colocado sob controle (ou estacionado no tempo) quando se restabelece o equilíbrio, e o conjunto de fatos criados são lembrados em parte e, com o passar do tempo, cada vez menos associados a fortes emoções. Cinco anos parece um período "cicatrizante". As sensações também podem ser desfeitas pela repetição sucessiva dos eventos induzidores da forte emoção. Por exemplo, se alguma música ficou associada à forte emoção, a repetição da música irá constituir-se ao mesmo tempo em um instrumento para se medir o nível de emoção em vários instantes ao longo de um período de tempo, como irá também "desgastar" seu conteúdo emocional se repetida ao longo de dias, semanas etc. É também com base em emoções que se manifestam de forma imediata a determinadas músicas que me baseio para afirmar que "5 anos parece um período cicatrizante". Acredito que tais músicas, por haverem adquirido, durante um período de vulnerabilidade emocional daquele indivíduo (antes ou durante a psicose), *forte significado associado à extrema emoção*, são capazes de, ao serem ouvidas novamente, induzir novamente forte emoção que irá atingir a intensidade emocional máxima que aquele mesmo organismo pode atingir naquele novo instante. Se o organismo estiver vulnerável, a intensidade será novamente alta e percebida como semelhante à original. Se a vulnerabilidade emocional estiver reduzida ou desaparecido, a intensidade da emoção será baixa: a música perdendo toda a sua forte conotação emocional. No caso de minha 1ª psicose (dez/85), uma determinada música que adquiriu tal conotação só atenuou significantemente (ao meu ver) a forte emoção que causava (em novas circunstâncias emocionais diversas) após passados os cinco anos (aproximadamente) a que me referi. Trata-se da música de Tim Maia, *Um Dia de Domingo*, escrita e cantada com muita emoção. Quando a ouvi pela primeira vez, acabava de ser lançada, e eu, que adoro MPB, tinha acabado de chegar de volta ao Brasil, morando no Recife. Uma cidade ainda desconhecida para mim.

Entretanto, todas as criações anteriores voltam a ganhar a mesma força se se volta gradativamente ao estado de extremo "stress", consequente aumento de suscetibilidade emocional e subsequente patologia. Geralmente, a maioria dos mesmos tópicos foco de atenção anterior serão novamente tocados. Porém, ao longo do tempo parece haver, também nesse estado, um efeito de aprendizado. O conteúdo e os tópicos, embora os mesmos, parecem progredir sequencialmente e irreversivelmente a partir do ponto em que estacionaram anteriormente, como um efeito de aprendizado.

O indivíduo não tem necessariamente alucinações com um teor de natureza física de qualquer espécie, ele *VIVE* o teor absurdo de seus sonhos criando ou elaborando relações aleatórias e as inter-relacionando à sua memória passada e em formação. Nesse processo pode haver a perda do registro do ocorrido real, podendo permanecer o fictício misturado ao real. Mais de cinco anos depois, a maioria das ligações criadas sem veridicidade parecem ser substancialmente abandonadas, mas relembradas em situações duradouras de stress e forte emoção.

A meu ver, isso sugere fortemente a existência de um mecanismo que guarda a memória dependente de equilíbrios específicos entre grupos de neurotransmissores. Em condições normais àquela pessoa, tais memórias são accessíveis. Outras memórias, por terem sido criadas em condições especiais de equilíbrios, só se tornam disponíveis se tais condições, ou similares, se repetirem. Falo mais desse mecanismo adiante quando digo que acredito que o acesso à memória é uma função da emoção.

Cabe citar aqui magníficos (alguns divertidíssimos) exemplos do tipo de associações e correlações espúrias que se formam que encontrei nas letras de Raul Seixas. As músicas *Números, Super-heróis, Al Capone, Como Vovó já Dizia, Dentadura Postiça, Rodoviária, Eu Nasci Há Dez Mil Anos Atrás* e *Gitã*. Essas duas últimas também são exemplos do fenômeno que chamo de "*perda do referencial*" como descrevo em outra parte.

Sobre a 1.ª psicose

Quando entrei em psicologia no Canadá, minha intenção, como geralmente é a de todo o aluno que busca esse curso, era a de me voltar para clínica com uma premissa básica na cabeça. Premissa aliás corrente no Brasil: a de que não existe loucura e ela é o resultado natural de circunstâncias sociais. É interessante que eu formasse esse ponto de vista porque tenho certeza de que quando busquei fazer vestibular na PUC/RJ para química, após haver tido contato com a revista *Realidade*, em dezembro de 1971, sobre cérebro humano, meu ponto de vista era tentar entender a loucura sob o ponto de vista de rede neural e o que eu pensava ser bioquímica, mas que poderia ser neuroquímica, psicofarmacologia etc. Na época, eu não tinha qualquer formação em biologia ou ciências afins às áreas médicas o que me impedia de tentar a bioquímica diretamente (por insistência minha assisti algumas aulas sobre eletroforese e ouvi falar de aminoácidos).

Optei então, pela química e me esborrachei na matemática, sobretudo, cálculo. Colégio de freiras não ensina cálculo.

Foi só após minha volta ao Brasil que fui participante involuntária de fenômenos que têm sido caracterizados na literatura ortodoxa de psiquiatria como sob o rótulo de "psicose".

O interessante é ser um participante/observador involuntário desses fenômenos, sobretudo do ponto de vista do observador interno. O que está acontecendo à sua mente e às suas próprias ações passam a ser mal compreendidos e, dentro do âmbito da cultura e nível de formação acadêmica-cultural que reside naquela mente (a que está sofrendo os fenômenos e os está observando sem compreender) o indivíduo passa a buscar desesperadamente uma explicação.

Na falta de uma explicação melhor o caminho natural é o misticismo, a umbanda, entre outras opções, podendo chegar ao messianismo, à possessão demoníaca etc. De um modo geral é quase natural a adoção de um cunho religioso, esotérico e místico. Não tiro a razão de religiosidade ou do misticismo. É uma opção de vida. Contemplar as fronteiras do pensamento e da razão humana é, mesmo para o mais ferrenho ateu e discípulo do acaso, uma experiência nova, mística, assustadora e inusitada.

O fato é que após não compreender o que estava acontecendo com minha mente que processava e repetia incessantemente fragmentos de diálogos (podendo ser diálogos em que eu participei como interlocutor ou diálogos que ouvi de terceiros) ver oscilar memórias antigas sempre aquelas guardadas sob forte emoção, fazer associações absurdas que ora me divertiam seguidas de risos repentinos (como o de quem se lembra de uma piada) e, no instante seguinte, fazer outra associação que causaria infinita dor e mágoa e chorar repentinamente, em seguida fazer associações absurdamente inacreditáveis que me fariam falar alto: "Não é possível!", mesmo sem qualquer interlocutor.

Ao observador, a pessoa se comporta como se falasse sozinha porque ri, chora, diz que "Não é possível!" etc.

Quando esses eventos já vinham ocorrendo, foi também possível ver emergirem sintomas perceptuais como intolerância a ruídos em determinadas faixas de frequências das quais falo mais adiante.

Não falei aqui dos antecedentes dessa minha 1.ª psicose.

Por um conjunto de pelo menos três fatores fisiológicos conjugados, não tive filhos por 7,5 anos. Era necessária uma coincidência muito grande em seu conjunto, para que eu pudesse de fato engravidar. O que aconteceu, para nossa completa surpresa e felicidade, em jan/84. Após viver minha 1.ª psicose, reconheci haver passado por alguns de seus sintomas, muito levemente, entre out/83 e jan/84. Meu filho foi concebido em jan/84 e nasceu em out/84. Eu que já estava com os dados coletados e planejava defender minha tese de doutorado em 1984, tive que adiar a escrita e defesa para abril de 1985.

Quando voltei ao Brasil em jul/85 eu estava exausta.

Para garantir a mais alta densidade possível de minha mudança de $10m^3$ (cobrada por volume) e consequente desespero da companhia de mudança, eu embalei pessoalmente, de um dia para o outro, toda a nossa mudança, seis dias antes de voltar ao Brasil mudando três vezes de avião, com criança de colo, e mudando de aeroporto em Nova York. Como o pessoal de Nova York é mal-educado!

Quanto ao incidente da mudança, foi até gozado. Vieram 5-7 embaladores da companhia e começaram a embalar concomitantemente em todos os cômodos da casa. Enquanto meu marido apreciava a rapidez e eficiência do serviço eu andava de um lado para o outro da casa verificando o enorme conteúdo de papel e ar que eu iria pagar a continuar daquela forma, vi o meu volume calculado de $10m^3$ ir, trivialmente, a $20m^3$ e comecei a me desesperar. Enquanto A. dizia *deixa eles fazerem o trabalho* (a mudança já estava marcada para o dia seguinte), meus cálculos do volume, assim como minha adrenalina, subiam às alturas. Até que, passado uns 30-45 minutos, interrompi todo o mundo, disse que eu mesma embalava, que não era necessário mudar a data da mudança marcada com extrema antecedência, que estaria tudo pronto às 7 horas da manhã do dia seguinte, e pus todo mundo para fora. Meu filho tinha 7 meses e eu o estava amamentando (amamentei até 14 meses, quando interrompi ao ter que tomar pela primeira vez o *trifluoperazine, Stelazine*). Trabalhei até as 5 horas da manhã do outro dia. Às 7h estava tudo pronto. O aumento da densidade estava estampado no rosto dos homens que vieram retirar a mudança. Reclamaram insistentemente do peso inusitado dos volumes. E eu garanti os $10m^3$ a US$5,000. Era 21 de junho de 1985.

Antes disso, desde outubro de 84, eu havia escrito a metade final de minha tese das 0h às 5h porque era o único horário em que meu filho, que praticamente não dormia, me proporcionava de intervalos mais espaçados.

Depois de oito anos sem tomar triancinolona para asma (que ficou totalmente sob controle apenas com o uso do *Salbutamol* durante todo o tempo que passei no Canadá), e dez dias depois de colocar meus pés no Rio de Janeiro, antes mesmo de chegar no Recife (como dizem os pernambucanos), eu já estava tomando minhas primeiras doses de 8mg de *Ledercort*. Tomei-o intermitentemente entre julho e dezembro de 1985. Ao mesmo tempo, eu sabia do extremo cansaço físico em que me encontrava. Recémadmitida à UFPE eu não podia tirar férias. Meu filho em creches desde os 9 meses, eu em tempo integral na universidade e encontrando um tremendo desnível entre o que eu aprendi a fazer e o que havia ali para eu fazer. Minha cognição reconvertendo do inglês para o português a sintaxe do que eu falava. Eu morava a 7km da universidade e ia e voltava duas vezes ao dia. Comecei a *pifar* já em outubro, *pifando* severamente em dezembro de 1985. Quando, face ao ocorrido, fui colocada compulsoriamente de férias até março de 1986: era o início de minha morte no departamento, o início da perda de meu marido, e o início do meu voo como pesquisadora.

Em dezembro de 1985, ao voltar de São Carlos-SP para me ver em psicose, eu estava sentada em posição de Buda na cama, gente estranha na casa, A. me abraçou chorando: "Maria Lúcia, me diga que não é verdade o que estão me dizendo de você! Me diga que isso não pode ser! Que aquilo que eu mais prezo em você, aquilo em que nós mais investimos, aquilo que é a essência do seu trabalho! Aquilo sem o qual você perde o seu trabalho! Sem o qual você não pode trabalhar! Me diga que não é verdade que você perdeu... sua razão!"

A busca de significado e os gestos que insistem em adquirir significado

Na instalação do processo de psicose os gestos com mãos à face ou face em torno da boca, gestos da boca e língua, *começam a querer adquirir significado* forte de possível tentativa de intercomunicação sexual por parte do interlocutor. O significado é quase tão irresistível quanto àquele que emerge automaticamente ao se contemplar a foto que parece apresentar uma face em Marte (referir à foto apresentada em reportagem). O seu processamento leva tempo para dissipar e interfere no output de pensamento ou verbal em curso durante o ato do gesto observado. Às vezes ocupa todo o "buffer" (i.e. o que alguns pesquisadores chamam de memória de trabalho) e corta a corrente de pensamento/

fala do indivíduo em patologia da mesma forma que ocorre em situações normais: a anormalidade irá se manifestar na frequência de ocorrência do fenômeno e na redução *acentuada* do "tamanho" do "buffer". Se o "buffer" estiver muito reduzido, a fala será toda entrecortada de "esquecimentos" em que o "buffer" foi preenchido pelo processamento espúrio de algum(a) estímulo ou memória que induziu busca de significado e, consequentemente, interrompeu a linha de raciocínio em curso.

Outros significados podem ser assustadores e encontrar a base de sua explicação na história particular daquele indivíduo. Por exemplo, em minha 1.ª psicose, em estado bastante avançado, ao olhar da varanda do 7.º andar de um edifício e ver lençóis brancos voando ao vento, pendentes de mais de uma dezena de janelas de diversos prédios, nas mais variadas alturas, primeiro notei serem todos brancos, depois notei a quantidade, apreciei-os voando ao vento e, em seguida, atribuí o significado de que cada um daqueles lençóis era uma homenagem a uma pessoa que havia se jogado daquela janela. O processo completo deve ter levado de 2-5 minutos. De fato, até aquele momento em minha vida, eu tinha conhecimento muito próximo de três pessoas que se jogaram de suas janelas sem maiores explicações.

Outro exemplo interessante da 1.ª psicose, no mesmo estado avançado em que ocorreu o fenômeno acima, é extraído de uma conversa telefônica e o sentido absolutamente literal com que interpretei a frase que me foi mencionada. Eu estava esperando que A. chegasse de viagem. Ele viria de avião de São Carlos-SP, via Rio. A frase que me foi dita ao telefone por uma pessoa que estava no Rio foi a seguinte: "Ele já deve estar chegando. Ele já veio, já passou por aqui e já deve estar chegando aí". A confusão que se fez em minha mente foi total. Eu não podia compreender como ele poderia haver passado por lá se ele estava dentro do avião. Não havia compatibilidade de tempo entre a chegada dele a Recife e a afirmação *ele já veio, já passou por aqui*. Na realidade lembro que essa afirmação me evocou de imediato a imagem de estar dentro da casa da pessoa e uma sensação de tonteira na região do lobo parietal direito. Talvez reforçado pelo verbo *veio*, a única forma que o *aqui* assumiu foi a da *casa* da pessoa. Não assumiu jamais o significado *Rio de Janeiro*. Em seguida à minha confusão, uma série de hipóteses absurdas de conotações tipo paranoide acerca do porquê de a pessoa dizer aquilo. E as consequentes suspeitas da verdade e de sua intenção ao dizer aquilo para mim.

Outros gestos que buscam significado: já houve significado?

Outros gestos em conversa informal em díades sugerem comunicação surda de gestos, por exemplo, é comum em uma conversa a pessoa que estava esperando para falar colocar o dedo em cruz ao centro dos lábios como quem diz ao interlocutor a palavra: silêncio. É comum a vontade de "coçar" o ouvido, bem na sua base da entrada, durante uma conversa quando um interlocutor finalmente obtém a palavra e está falando como quem diz: agora escute. Isso não é dizer da necessidade do gesto, porém de sua frequência em díades como um tipo de "gestos peculiares à pessoa durante conversas". Pergunta-se: há significado no gesto da parte do produtor do gesto ou da parte do observador? Não há significado? Se não há, certamente o significado existe em condições patológicas! Posso tentar lembrar outros significados de gestos em condições patológicas. Pergunta: por que o gesto adquire ou quer adquirir significado na patologia e é ignorado em condição não patológica? O que já existiu e agora deve ser inibido? Existiu na história da espécie ou do indivíduo a comunicação com gestos? Merlin Donald escreveu "The Origins of the Modern Mind" em que ele sugere que sim. Agora, imaginem o meu desespero dando aula para um grupo de alunos no qual uma das alunas na primeira fila estava chupando pitomba!

Interessante, se eu pergunto ao interlocutor que acabou de fazer o gesto, sempre é alegada uma razão inteiramente despropositada e casual. Na realidade, o interlocutor sempre afirma não se lembrar ou não haver prestado atenção ao gesto que estava fazendo.

A perda do referencial "eu" como distinto do "eu do interlocutor", do "tu", do "você", do "ele" e do "nós"

Outro fato importante é o problema dos pronomes na *paranoia* ou *psicose*. O **eles**, os contra; o **nós**, os a favor, em que o interlocutor se inclui se falado por ele ou por outra pessoa; o **tu** ou **você** como o outro se falado pelo próprio ou pelo interlocutor; e o **eu**, falado pelo interlocutor pode adquirir significado e ser a própria pessoa, assim como o **eu** falado pela própria pessoa. Os significados do **eu** e do **você** são fluidos e podem se deslocalizar, perdendo o registro do indivíduo que gerou a frase, e permanecendo a frase como "*eu*" no original ou como "*você*" no original. Então você pode deslocar a frase dita pelo outro indivíduo com os pronomes "você" ou "eu" e pensar na frase como tendo sido gerada por, ou para, você

De fato, tal frase, quando repetida mentalmente pelo indivíduo em patologia, permite incorporar o seu significado como tendo sido gerada pelo próprio, o próprio passando a inferir por trás uma intenção proposital do outro ao pronunciá-la, intenção explícita de que a frase é para significar o próprio (você) e não a pessoa que a gerou (o outro).

Acredito também que esse é o mecanismo mal interpretado como o da *mania de grandeza*. Eventualmente a confusão do *eu* no pensamento patológico é grande e começa a sistematicamente incorporar todos os possíveis significados na forma *eu* mencionados por outros indivíduos gerando na percepção do observador externo a concepção de um indivíduo que não corresponde aquilo que diz a realidade de sua história pessoal. A imagem externa de que esse é um indivíduo que tem mania de grandeza e se comporta como se fosse o centro do universo é falsa porque isso não advém de um processo de autopromoção e excesso de autoestima, mas advém de um processo integrativo (funcionando em caráter patológico) do maior e inimaginável número de possíveis significados já mencionados em associação ao *eu* nas frases dos muitos interlocutores que podem se somar durante a vida inteira da pessoa desde o início de sua memória até aquele exato momento. É como se num processo convulsivo ao nível do pensamento se pudesse simultaneamente acessar a memória de todos os possíveis significados já mencionados em associação ao *eu*. Então, tal pessoa, ao ouvir um discurso, agirá da seguinte forma: o "eles" é descartado, é tudo o que "eu" não sou, pode assumir proporção de grupo ou complô trabalhando contra "eu" e o "nós" nos estados da paranoia; o "nós" é incorporado como aquilo que eu sou, que faço ou a que pertenço, e da mesma forma o "eu" e às vezes o "ele" na terceira pessoa do singular (que na realidade em vários contextos pode ser utilizado como referência de terceiros ao "eu"). O "você" é ambíguo: se se adequar ao "nós" e ao "eu" pode ser incorporado, se não diretamente, será considerado como o outro, aquele que não é "eu" e que pode às vezes ser "ele", o outro.

Após haver escrito isso, dei-me conta de que as letras de Raul Seixas *Gitã*, *Eu Nasci Há Dez Mil Anos Atrás* e *Como Vovó Já Dizia* mostram ao mesmo tempo dois dos fenômenos que cito aqui: a confusão do *eu* que pode ser incorporado do discurso dos outros na primeira pessoa e a desconexão e desorganização das associações que se sucedem. Às vezes organizadas claramente por associações semânticas, por ditados ou convenções, ou por inversões de ditados e convenções. Ao mesmo tempo, ilustram também com muito vigor algumas das associações mais divertidas; as associações que causam dor e mágoa não parecem transferir esse mesmo sentimento ao observador. Por outro lado, no ponto de vista do observador e no contexto psicanalítico tradicional, esses seriam exemplos de *mania de grandeza* e *projeção*.

Esse processo estará ocorrendo na patologia durante todas as interações de diálogos em que o próprio participa ou diálogos apenas ouvidos de interlocutores conhecidos ou não. Por exemplo, uma frase "Eu não pude vir ontem porque estava com muita dor de cabeça" pronunciada por outra pessoa, ao final de 6 a 8 horas pode haver adquirido o significado de que a outra pessoa estava se referindo a você quando disse a frase, e estava falando de você com o outro interlocutor "aquilo que você não queria dizer". Isso de fato já ocorreu comigo. Se o processo já assim parece patológico, ele não se evidencia tão fortemente como ao submeter essa mesma pessoa ao discurso longo e ininterrupto no modo que fala geralmente do "ele" e que tem vários depoimentos do tipo "eu" e "nós" como é o caso da *Hora do Brasil*, por exemplo. É impossível não se perceber a mecânica desse processo patológico durante o simples processo de ouvi-lo. As evocações de lembranças se misturam com os "eus" e os "nós" dos discursos. Foi uma das únicas situações em que acredito ter estado, e me senti como estando, mais perto do que se caracteriza de "mania de grandeza" (veja que este é sobretudo o ponto de vista do observador). Uma sensação conjunta a essa, mas que é encontrada também isolada e com maior frequência, é a sensação de premonição. Entretanto o efeito de discurso tipo Hora do Brasil associado à sensação de dom de premonição é exatamente o produto de um indivíduo tipo "messias", advogando o fim do mundo, oblívio à realidade, capaz de fascinar multidões menos esclarecidas pela veemência e convicção de suas palavras carregadas de emoção e de sentido obscuro. Nessa situação é mais fácil recitar lembranças, do que exercer o raciocínio. As palavras saem à deriva.

Correntes de pensamento na psicose: assim como no 1.º e 3.º movimentos do concerto n.º 2 de Brandenburgo de Bach

Ednardo canta a música "A Pastora do tempo" em que diz que ela zela para manter o "tempo" apartado porque "as palavras voam" e "o meu pensamento é ligeiro". É uma música dissonante que parece revelar semelhança com um estado pro-drômico, no qual o pensamento é interrompido inúmeras vezes e a linha do pensamento perdida por intrusão de pensamentos espúrios ou nefastos.

Na evolução do estado de psicose há um aumento sucessivo e gradual nas interrupções de pensamento. Na fala, as interrupções irão se entremear com estímulos salientes do ambiente ou com fragmentos de memórias evocadas na situação. Até haver clara mistura de conteúdos imaginados (por falta de sono) com real, em que se aumenta o tempo dedicado a um e outro mais ou menos em partes iguais e, continuando a evoluir, começa a se aumentar desmedidamente o tempo voltado para o processamento interno, mas sempre entremeado de interrupções, nessa fase já de natureza interna, mas também ainda por interrupções de causa externa. Irá ser apenas nesse último estágio que, devido às características de internalização do fenômeno e às claras manifestações externali-zadas que estão em dissintonia com a realidade, que o psiquiatra irá rotular: delírio e administrar tão tardiamente o medicamento.

Em dosagens absurdamente altas em relação ao que poderia ter sido se a intervenção medicamentosa fosse anterior e preventiva.

A 2.ª psicose: a relação do processo com as catecolaminas e hormônios esteroides

Foi só após a primeira psicose, passados os seus efeitos, que acreditei tratar-se de algo *profundamente fisiológico* e *desprezivelmente psicológico*. Nos efeitos de psicose que se seguiram desde 1985, aprendi a observar minuciosamente características de sintomas subsequentemente associados às etapas mais óbvias do fenômeno ao observador externo.

Foi exatamente por ter essa forma de pensar acerca desses fenômenos, em dezembro de 1986 (após um semestre letivo pesado durante o qual trabalhei nas mais perfeitas condições de "normalidade"), e enquanto mergulhava vertiginosamente em novos (ou já por mim conhecidos) fenômenos associados à psicose, que pude descobrir que o corticoide (triancinolona não acetonílica da Lederle) que eu ingeria sistemicamente para tratamento da asma tinha relação com os fenômenos.

Apresento aqui, em detalhe, a sucessão de eventos que me levou a pensar no corticoide.

As etapas foram mais ou menos as seguintes:

Após estar por cerca de 10 dias no Rio de Janeiro, já com intensa asma que começou se agravar cerca de uma semana antes, depois da epopeia de adrenalinas e teofilinas (*Teolong, Benadryl, Revenil* e inalação de *Salbutamol* em grande quantidade), com a severidade evoluindo até eu não poder mais andar, com a coloração verde musgo do catarro que eu tossia para fora de meus pulmões, e ter intensa dor muscular no tórax pelo esforço de respirar, decido por tomar finalmente o corticoide.

Uma dosagem única pela manhã antes das 8:00hs, para minimizar os efeitos colaterais. Depois de três dosagens de corticoide, portanto de três dias de: 16mg, 8mg, 8mg, ocorre a seguinte sucessão de fatos:

- No 3º dia de ingestão do corticoide às ~8:00hs,

- Nesse dia, tenho conversa intensa por mais de duas horas seguidas aproximadamente das 12:00 às 14:00hs.

- O efeito máximo do corticoide ocorreria por volta de 16:00hs (teoricamente junto ao máximo biológico naturalmente produzido pelo organismo).

- Uma alta de temperatura se inicia por volta das ~14:00hs quando ingiro, em seguida, 1g de aspirinas ~14:00hs

- Em pouco tempo começo a perceber as primeiras inversões ou mudanças de sentidos de frases, e criações de absurdos. Emergem em quantidade e quase desenfreadamente. Evoluem em número e diversidade crescente. Começo, em paralelo, a buscar em pensamento, e desesperadamente, pela causa do surgimento desses eventos. Procuro relembrar, passo a passo, tudo o que fizera após colocar meus pés no Rio de Janeiro, e que pudesse ser substancialmente diferente do que fizera durante os últimos 6 meses.

Conversando com outro irmão sobre o surgimento dos fenômenos observei, e anotei em minha mente, um *dèja vu* aproximadamente por volta das ~18:30-19:00hs.

A hipótese da cortisona só me ocorreu próximo às ~22:00-23:00hs, quando a incidência dos fenômenos de conotação paranoica já estava intensamente presente em meu pensamento e já me incomodavam fortemente. Mas não estavam aparentes aos observadores porque eu ainda podia escolher não demonstrá-los. Eu estava reunida com minha família em Miguel Pereira-RJ. As crianças estavam fazendo teatrinho que eu não pude apreciar porque buscava a causa dos pensamentos disparados e porque a companhia das pessoas já começava a me incomodar.

A bula do "*Ledercort*" **felizmente** confirmava minha suspeita ao alertar contraindicações em letras vermelhas: "Absolutamente contraindicado em casos de psicoses". Naquela altura não me interessava discutir com a bula se era eu que tinha a psicose e o remédio era contraindicado ou se eu não tinha coisa alguma e era o remédio que causava a psicose [o ovo ou a galinha?]. Fiquei apenas imensamente feliz em descobrir e saber onde e como tentar atacar o problema.

Meu irmão médico sugeriu a suspensão da cortisona na manhã seguinte. O que fiz e que hoje eu sei que foi um erro. Foi um erro porque, como eu vou argumentar em outro lugar, eu descobri durante os anos que se seguiram e as observações que fiz com respeito às entradas e saídas da cortisona (ou nos aumentos ou reduções de dosagens) que os sintomas de psicose se acumulam nas derivadas, isto é, na subida ou na descida das dosagens, na entrada ou na saída da medicação e, às vezes, *parecem ser mais numerosos, intensos e evidentes na retirada* do que na entrada devido à falta do *Cortisol*, que é endógeno, e sua produção é inibida com a entrada do corticoide. Cheguei a fazer a hipótese de que é a supressão da suprarrenal que cria o problema e que, empiricamente, como já me havia sido alertado inúmeras vezes pelos médicos (mas que eu não via grandes problemas anteriormente). O fenômeno já havia sido detectado na clínica. Detectado; mas de forma alguma caracterizado em todas as suas facetas e desdobramentos, categorizado e compreendido.

Como consequência de duas derivadas, a de entrada e a de saída da dosagem, depois de acumular 32 mg de triancinolona não acetonílica [do melhor sal] superposto à estimulação máxima do simpático que já havia sido feita com a efedrina e a teofilina entrei, vertiginosamente, em psicose paranoica e em três dias estava em delírio franco. Como meu marido não se lembrava da dosagem do *dicloridrato de trifluoperazine, Stelazine*, necessária para fazer parar o processo desencadeado, e como eu não fui afirmativa na dosagem e hesitei, na noite em que descobri a ligação com o corticoide e na manhã do dia seguinte, em entrar com o antipsicótico por não ter a certeza da gravidade que a psicose iria assumir, os fenômenos psicóticos começaram a se intensificar e a se multiplicar. Só no terceiro dia, quando eu já não estava em condições de decidir e pedi a A. e a meu irmão que decidissem por mim, tomei 2mg de *trifluoperazine* que só me fizeram ficar com fortes efeitos extrapiramidais, sem parar o intenso processo de criação que continuou a se multiplicar até o quinto dia. Ainda no segundo dia eu estava com meu filho de 2 anos e três meses e era difícil atender sua demanda. Minha irmã mais velha, A., estava comigo no quarto. Ela não acreditava que eu estivesse piorando e me perguntou como eu sabia. Eu disse a ela que iria narrar o meu pensamento tal qual ele acontecia. E comecei, aí ela fazia um gesto e eu dizia e acho que com esse gesto você quer me dizer isso ou aquilo. Narrava várias associações desconexas, interrompia de novo devido a outro gesto etc. Ela não aguentou muito mais que um minuto e disse "É, eu acho que você tem razão!". Antes disso, conforme ocorreu na primeira psicose, tomei *Neozine, levomepromazina*, 25 mg, e tive pela primeira vez o que achei que fossem alucinações. Mas de forma muito peculiar, vi uma série de fotografias que eu reconheci contra as nuvens como pano de fundo, mas com resoluções de cinzas e nitidez de formas não explicadas pelos contornos das nuvens. Quando voltamos para o Rio de Janeiro meu sentimento de premonição incomodou meu pai o tempo todo porque eu não parava de adverti-lo durante toda a viagem. Finalmente, no quinto dia, quando eu vociferava em tom messiânico reclamações ao lembrar de diálogos com um professor em que eu não concordava com um comentário pessoal sobre minha mãe, chegou o psiquiatra indicado aos meus pais e recomendou a entrada de 10mg do antipsicótico. Eu tinha passado boa parte da noite discutindo com Deus para não levar meu marido e meu filho de mim (*levar*-pensando em morte).

O freio mental

O *freio mental* de um antipsicótico é um dos efeitos mais desagradáveis que pode existir em termos de viver. É difícil descrever, mas ele tem o efeito de forte punição e esta é, com a mais absoluta certeza, a principal razão para extrema reação de alguns indivíduos à medicação. Eles têm toda a razão em reagir. É preciso ser medicado antes de se chegar à necessidade dessas dosagens. Esse é o propósito de argumentação deste livro e de listagem dos fenômenos mais preliminares e precursores do processo desencadeado em toda a sua intensidade. Tentarei descrever em outro lugar a sensação do *freio mental* do antipsicótico.

O fato é que, depois de totalmente desencadeado o processo, e parado à base de pelo menos 10mg de *trifluoperazine* diárias, mesmo suspendendo gradativamente a medicação durante os próximos 15-25 dias, o processo só cessa seus efeitos após cerca de 6 semanas.

Devo mencionar aqui alguns dos antecedentes dessa 2.ª psicose que devem ter afetado também as taxas hormonais e parecem no seu conjunto, no mínimo, interessantes. Durante outubro de 1986 senti evidências de gravidez. Fui à Reunião Anual de Psicologia no final do mês e, ao voltar, bastante cansada, não descansei. Ao final de novembro, quando eu faria o teste de gravidez na urina, ao invés de menstruação, tive um aborto espontâneo de 30 dias. Reconheci das fotos que já vi.

Em dezembro viajamos para passar o natal no Rio de Janeiro com nossas famílias. Chego ao Rio e, novamente, em cerca de dez dias a asma estava fora de controle. O fato é que, na mesma noite em que eu mergulhava em psicose, do 31 para 1.º/jan/87, foi o 1.º dia do meu ciclo menstrual. Como se isso não bastasse, ao final de janeiro senti-me grávida novamente. A psiquiatra não acreditou que fosse verdade e disse que eu fizesse um teste no sangue. Eu era e sou cética de testes no sangue. Eles não funcionam comigo. Fiz um teste, deu positivo. A psiquiatra contestou, reclamou que o laboratório não era tão bom como o do Dr. Paulo Loureiro (em Recife). Pediu que eu repetisse o teste. Deu negativo. Eu repeti novamente e o laboratório do Dr. Paulo Loureiro deu novamente resultado negativo. O outro laboratório, muito cabreiro e diante da fama do laboratório do Dr. Paulo Loureiro, deu-me um segundo teste, dessa vez negativo. A ultrassonografia diz que eu engravidei por volta de 12-19/jan/87. Minha filha está aí linda para comprovar. O HCG deu positivo no dia 10/fev. O Dr. Paulo Loureiro deu negativo nos dias 12 e 13/fev/87.

Resultado: deixei para lá e descobri-me grávida aos 5 meses de gravidez, em uma visita de rotina ao ginecologista porque queria planejar minha 2.ª gravidez para outubro de 1987. Em outubro já era muito tarde! Nasceu minha filha!

É cômico e triste contar o incidente que criei com o Dr. Paulo Loureiro. Aos 7 meses de gravidez, com um macacão jeans e minha barriga bem grande, fui com minha sogra ao seu laboratório (levando comigo seus dois exames negativos) pedir reembolso dos exames e falar que enganos como esses podiam ser muito caros e embaraçosos para muitas pessoas. E também que seria melhor anotar as circunstâncias em que o fato ocorreu para que não ocorresse novamente. O senhor a que me refiro comportou-se de forma extremamente rude e vulgar. Não admitiu qualquer engano. Disse que seu laboratório não falhava. E terminou me dizendo alto e exaltado, na frente de minha sogra e de seus funcionários pasmos: "Não há de ser qualquer b... suja que vem aqui que irá sujar o nome do meu Laboratório!".

Entretanto, como permitia prever o resultado do primeiro laboratório e de todas as ultrassonografias, Ad. ousou, deu sinais, e nasceu de cesárea em 14 de outubro de 1987, sem qualquer respeito e consideração pelo laboratório de um certo senhor Paulo Loureiro.

Minha 2.ª psicose, portanto, está inserida entre um aborto natural, cerca de 30 dias antes, se instala coincidentemente com o 1.º dia de meu ciclo e o 3.º dia de triancinolona, e é seguida de uma gravidez em 12-20 dias, quando eu já estava sendo medicada com *trifluoperazine* e já havia suspendido a triancinolona. Haja flutuação hormonal!

Apesar disso tudo, 1987 foi o ano em que minha produção científica começou a assumir forma para decolar. Foi também quando ocorreu minha segunda e última instância de psicose assistida por um psiquiatra antes de meu diagnóstico. Foi ainda o ano de criação do meu Laboratório de Percepção Visual, LabVis-UFPE.

Tipicamente seis semanas para se parar ou se frear o processo com intervenção medicamentosa: evidência de envolvimento hormonal?

Nesse ponto é interessante levantar três pontos a serem discutidos mais detalhadamente em outro lugar: [1] 6 semanas é coincidentemente o período a que estou me referindo nos processos em que existe algum evento emocional de natureza muito intensa e fora do comum. Pode ser qualquer evento abrupto de grande significado emocional que irá induzir forte liberação hormonal se associado a um processo de "stress" que irá intensificar o estado emocional; [2] também geralmente é o mesmo período da duração do tratamento com corticoide para saída de uma crise de asma [mesmo após a suspensão do corticoide em 15-20 dias o efeito de melhora acentuada continua até por volta de 6 semanas]; [3] se totalmente desencadeada a psicose, o efeito de amnésia é bastante acentuado: a sensação após as seis semanas de tratamento é a de que os eventos anteriores ao agravamento dos sintomas/fenômenos já se distanciaram no tempo como que há seis meses ou um ano atrás. A recuperação é gradativa, o conteúdo da psicose não é praticamente esquecido, pelo contrário, é bem recuperado e suas principais conotações emocionais podem reassumir importância nos subsequentes estados de "stress".

Na realidade, no livro de referência de medicamentos "DRUGS" (atualmente eles têm o site drugs.com), a psicose está claramente relacionada como evento associado a toda a lista de medicamentos para asma: sulfato de efedrina, teofilina, cafeína e esteroides estão entre eles. Já vi artigos que citam incidência de psicose entre atletas que utilizam anabolizantes, assim como já me foi citado que na ala de pacientes hospitalizados e tratados com hormônios também é comum a incidência de pacientes com psicose. Além disso, a reposição do estrogênio na mulher também pode causar problemas dependendo da dosagem e genética da pessoa. O livro fala de "Steroid Psicosis", ou psicose causada por esteroides.

Um breve relato de meu autodiagnóstico e tratamento medicamentoso. Sem supervisão médica [como não se deve fazer]

Antes de entrar neste tópico, devo dizer que fiquei revoltada com minha psiquiatra quando me descobri grávida porque só se passaram 5 meses devido às suas observações. Ela me assegurou que eu podia ficar sem menstruar devido ao *trifluoperazine* e isso não me alertou para o intenso enjoo que senti por meses. Tomei até remédio para Giárdia. Imaginem!

Acredito que consigo hoje, perceber a minha saída do equilíbrio (como se houvesse um tipo de solução tampão). Ela se manifesta com uma tendência à multiplicação súbita dos fenômenos típicos na percepção e na condução do pensamento. Pode também ser concomitante com a manifestação de leves tonteiras ou sentimento de atordoamento, assim como sentimento de diferenças localizadas na cabeça (de circulação?) etc., é difícil descrever.

Dessa última vez (nov/93) senti o equilíbrio começar a virar acentuadamente no final do dia durante a visita a São Carlos e depois de um café (que eu não desejava tomar) seguido de mais conversa intensa, tanto profissional quanto pessoal, por cerca de 1,5-2 hs (até cerca de 16:00-16:30 hs). Manifestei-me aos presentes como não estando me sentindo bem. Na realidade, houve concomitância de começar a processar em paralelo expressões faciais, gestos e caretas do interlocutor (que estava sendo extremamente amável) com atribuição de significado de críticas variadas a mim, que eu sabia não corresponder à realidade, mas que era difícil parar de processar sem querer *necessariamente* atribuir esse tipo de significado. Ao mesmo tempo, havia começado a sentir atordoamento, confusão e algo crescentemente focal na região do córtex auditivo direito (na região imediatamente superior ao ouvido direito, 2 ou três cm para dentro). Não foi dor. Não se pode dizer que foi pressão. Parecia mais algum efeito circulatório que tendia a focalizar num ponto e, antes que ele focalizasse eu punha a minha mão na têmpora e pressionava, respirava fundo e mantinha os olhos abertos (a vontade era fechar). A percepção auditiva não me pareceu alterada. Houve reincidência intermitente desse mesmo sintoma, cada vez mais espaçada, creio que mais ou menos durante os 60 min seguintes devem ter ocorrido

4 ou 5 vezes. Um estado de delírio extremamente fraco, intermitente e estritamente interno à minha mente (não era evidente aos interlocutores, exceto pelas observações que escolhi dizer). Era 16/nov/93, terça.

Naquela noite julguei que não chegaria à próxima 3.ª feira (ou seja, mais oito dias), com compromisso no Rio, sem medicamento (*trifluoperazine*). De fato, só consegui dormir 2 horas por noite até a noite de sábado para domingo. A noite de domingo para 2.ª feira, a passei em claro. Em franco, mais relativamente leve, delírio. Observei três tipos diferentes de fenômenos visuais, entre eles o que mais tarde chamei de Muitas-Faces. Tive sentimentos de premonição de morte dos que estavam em casa (meus filhos e meus pais). Na 2.ª feira de manhã, exigi, por favor, uma caixa de *Stelazine*, 2mg, que só chegou às 19:48hs da noite, imediatamente após haver perdido a paciência com todos, demonstrando alguma agressividade por sentir, da parte dos outros, reticência e uma certa incredulidade na veracidade dos sintomas. A verdade é que a minha irritação atinge limites altos quando vejo alguém me parecer querer enfatizar sintomas "psicológicos" do tipo que acreditam que se "psicanalisa" quando tudo o que eu *aprendi (por ensaio e erros sucessivos) que eu preciso* é um bloqueador de dopamina para estabilizar o processo, voltar a dormir, recuperar o apetite, diminuir a vulnerabilidade emocional, e regularizar os efeitos percepto-cognitivos.

Às vezes, os observadores (aos indivíduos com a cognição incapacitada) nos parecem implacáveis com seus raciocínios implícitos de suspeitas, suspeita da loucura, e suas óbvias hesitações em nos dar credibilidade. É extremamente cruel ver todas as suas afirmativas passarem pelo crivo da sanidade/insanidade imposto pelo observador. Ele não faz isso com os *não* estigmatizados como com os insanos. A estigmatização da "loucura" está estudada e citada na literatura e é um fato. E deve ser esse fato que, muito possivelmente, restringe o número de possíveis interlocutores com aqueles que estão incapacitados. Ainda que a cognição pareça desordenada e a percepção alterada, a percepção emocional está super aguçada, funcional, assim como a "inteligência". Mesmo incapacitado, se o indivíduo é insultado com gestos ou palavras, distratado, ou insultado em sua condição humana ou em sua inteligência, ele saberá perfeitamente que o foi. E reagirá com forte emoção: seja de agressão, seja de desprezo, ou outra emoção qualquer.

Em outra parte deste livro falarei do problema do número reduzido de interlocutores na condição de psicose.

Após 10-15 min de ingerir 1/5 de 2mg de *trifuoperazine*, caí sem qualquer dificuldade, e quase como um desmaio (nunca desmaiei), em sono profundo. Acordei 6 horas depois e dormi, quase imediatamente, mais 4-5 horas. O sono restabelece, reduz a incidência dos sintomas por um certo tempo, age como medicamento de efeito depressor, mas não é suficiente para parar os sintomas sem o *trifluoperazine*.

Devo citar aqui que, depois de 6 anos de triancinolona, parei de ingeri-la sistemicamente aproximadamente por volta de 20-23 de outubro de 1993. Por outro lado, sofri grande abalo emocional em 13-out-93. Dentro das hipóteses que venho fazendo, em 30-45 dias passados desses eventos, poderia estourar o equilíbrio emocional. Antes de viajar em 8-nov-93 já julguei que deveria entrar com o *trifluoperazine* por que estava se iniciando uma insônia leve. Porém se tomasse não conseguiria viajar (porque eu desmontaria de cansaço).

O regime com que tomei cloridrato de *trifluoperazine* foi o seguinte:

2ª feira - 22	1/5 de 2mg 19:50hs
3ª feira - 23	Fui ao Rio, ABC, não tomei nada
4ª feira - 24	Senti recomeçar sintomas de impaciência com as crianças e o final do efeito do remédio. 1/5 de 2mg 20:00hs 1/5 de 2mg 20:30hs
5ª feira 25	1/5 de 2mg 09:00hs
6ª feira - 26	1/5 de 2mg 11:20hs
Sábado - 27	1/5 de 2mg 10:10hs 1/5 de 2mg 13:50hs
Domingo - 28	Senti o efeito virar. Entre 9:40 e 10:00hs eu havia tomado uma xícara de chá de café

Por volta de 10:30-11:00hs, senti novo efeito na região temporal direita. Senti bastante tontura mesmo sentada e alimentada. Após me deitar um pouco e levantar a tontura foi muito forte e escureceu parcialmente a vista. Houve reincidência uns 10-20 minutos mais tarde. Busquei tomar líquido. Água. Não tomei *trifluoperazine*. Arrumei as malas à tarde. Fui para o Rio à noite. Senti-me sem sintomas percepto-cognitivos típicos.

2ª feira - 29	Fui a UFRJ/Urca, Fundão, ABC. Escrevi algumas dessas anotações até 23:00hs.
3ª feira - 30	1/10 de 2mg 10:00hs 1/10 de 2mg 13:23hs [o restante de 1/5]
4ª feira - 01/12	1/5 de 2mg 11:00hs

3ª feira - 07/12	1/5 de 2mg 10:00hs [restante do 2º comprimido]	
6ª feira - 10/12	1/7 de 2mg 02:00hs [início do 3º comprimido]	
3ª feira - 14/12	1/7 de 2mg 13:40hs 1/4 de 3mg *Lexotan*	
5ª feira - 16/12	1/7 de 2mg 10:00hs 1/4 de 3mg *Lexotan*	

Todas as vezes que tomei essas dosagens, foi em resposta a algum sintoma leve dos que aprendi a caracterizar. As dosagens acompanham a gravidade que atribuí ao sintoma, enquanto as repetições da dosagem indicam reincidência de sintomas no mesmo dia. A entrada do *Lexotan* significa identificação de sintomas de ansiedade.

Pouco após chegar de volta no Recife em 5/dez/93, podia perceber espontaneamente imagens de até 5-8 cm[a] por 10 cm[l] a 30 cm do cristalino, nas nuvens. Ao final dessa série de *trifluoperazine*, observei que essas faces que se formam espontaneamente por reorganizações do ambiente, variaram em tamanho mais ou menos da seguinte forma: faces que podem se formar inicialmente com frequências muito baixas, começam a se formar com frequências mais altas como 1-2 cm a 30 cm do cristalino [14/12/93] ou mais altas ainda, 0.5 cm a 30 cm do cristalino [18-12-93]. Ao final, quase não se formam espontaneamente.

OBS: Falo da percepção espontânea de imagens como um sintoma característico da doença mais adiante. As imagens de maior tamanho indicam maior agravamento ou gravidade do surto.

Em relação às observações anteriores desse fenômeno, em que esses tamanhos podem ser da ordem de 3-5 cm a 30 cm do cristalino, esses novos tamanhos que estou citando aqui podem indicar um restabelecimento da inibição entre filtros visuais (possivelmente auditivos também).

Devo a ideia de medir as imagens pelo espaço entre o dedo indicador e polegar ao professor e colega pesquisador, José Aparecido da Silva, que me mostrou uma vez, de relance, essa forma rápida de se medir tamanho de objetos distantes. Adaptando-a aqui, essa forma serviria para o paciente (que pode evoluir para a psicose) medir diariamente, ou várias vezes ao dia, o tamanho aproximado das imagens que vê espontaneamente formadas no ambiente. Permitindo assim um autodiagnóstico, e diagnóstico mais acurado por parte do psiquiatra acerca da gravidade que possa estar assumindo parte dos sintomas que lhe são impossíveis de perceber.

Exemplo de uma pareidolia que via da janela de minha casa

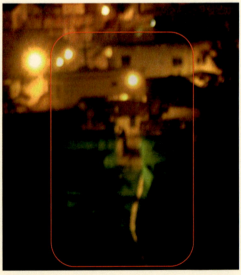

Alguns fenômenos perceptivos já observados repetidamente em "stress", na fase prodrômica e na psicose

Os *fenômenos auditivos observados, cuja incidência e reincidência em "stress", pré-psicose e* psicose já me referi em parte:

Frequências sonoras baixas como a do ruído que faz um ventilador; ter sensibilidade até para observar acusticamente as mínimas oscilações de corrente que acarretavam variações na frequência desse ruído. Como um sintoma mais avançado, quando essa percepção ocorre, o indivíduo inicia um processo de busca de significado. Como se houvesse que haver uma razão ou alguém que deliberadamente está causando as mudanças nas frequências do ruído e que há tentativa de algum controle sobre o indivíduo por parte de alguém que controla as variações observadas. Tais variações de ruído (ou da frequência) são tão leves que são ignoradas pelos indivíduos em processamento normal.

Já estive nessa situação dos dois lados: como indivíduo com a patologia e como observador. Na patologia, perguntei ao meu observador sobre a variação do ruído e da rotação do ventilador e a resposta foi: "Pode ser. Eu não sei. Eu não notei". Como observadora de uma pessoa em psicose, foi-me perguntado o mesmo e a essência de minha resposta foi a mesma, exceto que acrescentei que isso era um sintoma típico de sua patologia.

Essas *frequências baixas* aparecem *insultadas* como *"de morte"* nos quadros de Salvador Dali. Há quadros que destroem um violoncelo e outros que reclamam da faixa mais baixa do piano (*"Cama e Mesas de Cabeceira Atacando Ferozmente Um Violoncelo (último estado)"*). Há um outro em que a escala baixa do piano termina fora do piano escorrendo para dentro de uma caveira, na faixa de 27 Hz, ainda outro em que uma caveira violenta a escala de um piano na faixa de 2000 Hz.

Frequências sonoras altas como a que às vezes emite uma luz fluorescente [de ~7.5-8 kHz] instaladas em ônibus interestadual, ou a de um guincho de motor de ônibus desregulado [pode incluir de ~2-10 kHz].

Nesse caso, posso citar um incidente até cômico. Por ocasião da 1ª psicose, mesmo após medicada. Eu morava em Boa Viagem na esquina de duas ruas extremamente movimentadas. E de repente, passava um ônibus fazendo um ruído de alta frequência daqueles que eu julgava insuportáveis, que me tirava do sério onde quer que eu estivesse (no apartamento), fazendo que tarefa estivesse. Eu dizia longe da janela: "Lá vem aquele ônibus de novo. Eu não aguento mais! Por que não consertam logo esse motor ou retiram esse ônibus da frota?". Meu marido, de tanto me escutar dizer isso, resolveu, como bom cientista, anotar o número impresso no teto exterior daquele veículo e, para sua surpresa, todas as vezes seguintes em que eu amaldiçoei o ônibus ao passar, ele pode verificar incrédulo que se tratava de um veículo com o mesmo número já anotado por ele.

Os *fenômenos visuais* são interessantes. Destaco dois:

Sensibilidade excessiva para reflexos solares como estímulos extremamente salientes que se prestam a serem "contados" pelo indivíduo em situações em que o mecanismo de atribuição de significados irá inferir a existência de (pseudo.-)condicionamentos. Por exemplo, você poderia sentir o controle que alguém pudesse querer exercer sobre você como sendo feito pelos reflexos solares. De uma forma mais clara, suponha que você está em sua casa e decidiu fazer algo, em se preparando para fazê-lo, passa por você um reflexo de luz solar (seja devido a um carro, devido a uma janela sendo aberta, seja lá porque for, pode até ser o reflexo que você já viu inúmeras vezes e que nunca lhe preocupou), não só este será notado como *extremamente saliente, "inusitado" e "intrigante"*, como pode se seguir a esse evento o sentimento de se estar sendo observado (ou seja, que o reflexo solar foi produzido deliberadamente por alguém e que esse reflexo está relacionado ao seu próprio comportamento). Esse sentimento é insidioso, pervasivo e, eventualmente, compulsivo. Na rua, como motorista de um carro, esses reflexos se transformam no mais puro tormento.

Considero esse um sintoma avançadíssimo de psicose paranoica.

Quanto a esse sintoma tenho também uma situação a citar que o ilustra bem. Eu sofri desse sintoma/fenômeno na 1.ª psicose (que chegou a atingir os sintomas mais avançados e extremos que já conheci). Conheci, então, esse fenômeno muito bem. Três ou quatro anos mais tarde, vem-me uma pessoa já graduada, querendo estudar e pesquisar comigo. Sugeri que assistisse meu curso na graduação e mantive contato com ela durante uns meses. Nas primeiras conversas que mantivemos sobre pesquisa não me lembro de observar nada de extraordinário. Porém, transcorrido algum tempo do semestre letivo, em várias das conversas, comecei a observar nessa pessoa interrupções na fixação do foco do olhar (outro sintoma descrito melhor em outra parte), em que a atenção é interrompida e o olhar é jogado para o infinito. Durante essa fração de segundo (segundo o mesmo sintoma também já ocorrido comigo) se está pegando algum fragmento da conversa real e se o está juntando a alguma associação, geralmente espúria, seja proveniente da própria memória do sujeito, seja proveniente de algum estímulo saliente naquele ambiente, e que leva o organismo a formular alguma hipótese ou suspeita geralmente absurda. Em uma semana específica, o número dessas interrupções nessa pessoa foi por mim observado como sendo muito grande. De memória, eu diria que de pelo menos 1 a 2 a cada 2-5 minutos. Na semana seguinte, imediatamente antes de eu sair para a minha aula de manhã, essa pessoa me aparece na porta de meu apartamento, descalça, dizendo: "Eu quero que você pare com essas luzes!". Eu percebi imediatamente a gravidade de seu sintoma. Para encurtar a narrativa, depois de uma breve conversa pude constatar que de fato a situação era crítica. Soube por sua informação que estava tendo consultas com um psiquiatra e uma psicóloga (a quem imediatamente rotulei, em minha mente, de incompetentes por haverem deixado a situação atingir a gravidade que atingiu) e, quando me foi impossível impedir-lhe de sair de minha residência, tive a certeza de que estava saindo para atentar contra a própria vida. E, como me foi possível mais tarde verificar, de fato estava.

Foram exemplos como esses, de reincidência dos fenômenos perceptivos e cognitivos que observei e de observação da incidência dos mesmos fenômenos em outras pessoas, que me fizeram decidir por escrever esta coletânea de sintomas vistos ao mesmo tempo do ponto de vista interno e do observador.

O *outro fenômeno visual* que tomo como relativamente avançado (antecede a sensibilidade ao reflexo solar/à alta intensidade de brilho) é o de *formar faces com fragmentos de uma cena*. Acho mais fácil de observá-los à noite, em situações semipenumbras, em cenas exteriores como vistas da janela de um prédio. Uma figura ou fisionomia pode ocupar tipicamente 3 ou 4 andares de um prédio visto a 200-500 m de distância (para um cálculo rápido do ângulo visual, estimo que as imagens parecem ocupar alturas da ordem de 3-5 cm a 30 cm do cristalino).

Pensei em desenhá-lo várias vezes, mas nunca o fiz. Foi com surpresa que me dei conta que Salvador Dali os estava desenhando. Eu mesma apresentei várias vezes (desde 1986) um dos detalhes de um quadro de Dali (em que ele apresenta um busto de Voltaire) para ilustrar figuras ambíguas, mas só recentemente (nov/93) me dei conta que Dali estava deliberadamente representando esses sintomas em seus quadros.

Estou fotografando seus quadros para separá-los, categorizá-los e ordená-los segundo critérios de sintomas, evolução de sintomas com efeito provável de aprendizagem e, por fim cronologicamente: inferindo as épocas de incidência e reincidências dos sintomas (NOTA: tarefa impossível).

Vejo, no entanto, quadros que eu tenderia a ordenar segundo um julgamento meu, tendo em vista o que já observei, como possivelmente refletindo um aumento na gravidade dos sintomas e depois verificaria as datas de suas pinturas. Penso que ele avança em três etapas para as quais ainda não avancei: (fragmentos para formar corpo inteiro; fragmentos para formar faces em frequências espaciais baixíssimas e desorganização da imagem progressiva que acredito possa estar associada à irreversibilidade(?!) do processo bioquímico devido à falta da entrada dos reagentes (medicamentos) participantes do equilíbrio químico em questão e seguidas de dano(?!) ao tecido nervoso.

Examinando os quadros de Dali, vários fatos me vieram à mente. Um deles se refere ao fato de que os sintomas não avançam igualmente em todas as psicoses. A primeira tem certas características que são transformadas na segunda. Na segunda aparecem novas características e algumas se repetem, assim por diante. Ao verificar superficialmente algumas datas, vejo que não seria possível fazer o que está dito acima. E ao invés de apagar o que escrevi e omitir que estive errada. Deixo aqui, de propósito, que estive errada em achar que alguns quadros possam mostrar a irreversibilidade do processo. Ainda vou examiná-los em detalhes e descrevê-los adiante porque já observei os efeitos de aprendizagem a que me referi assim como me é possível apontar quadros das sucessivas psicoses da mesma forma que posso fazê-lo com as letras de Raul Seixas (NOTA: não é possível).

Outras observações sobre a 1ª psicose

Eu havia lido no jornal sobre um concurso para responder a um poema de Fernando Pessoa que termina perguntando: "Diga-me, por favor, que cor tem a dor?"

Por algum absurdo típico pensei que aquilo fosse de propósito para mim.

Passado um ou dois dias, quando pensei que não iria ficar viva, respondi ao poema:

> É branca como o silêncio,
> Preta como a morte e
> Vermelha de paixão.
> No dia seguinte acrescentei dois versos:
> É branca como o silêncio.
> Preta como a morte,
> Cristalina de tristeza,
> Verde de esperança e
> Vermelha de paixão.

Veja que nesses versos todas as cores poderiam ser esperadas a partir das associações provenientes de convenção social normalmente utilizadas exceto *Cristalina de tristeza* que parece um puro produto da criação do processo. Além disso lembra água e, consequentemente, *lágrima*, associada à palavra *tristeza*. Como descrevi, essa associação, colocada em lugar privilegiado no centro, foi o produto atrasado de um dia em relação às associações mais imediatas. Acredito que sejam criações desse tipo [algumas bem mais sutis e herméticas] que fiquei em condições de identificar nas letras de música como as de Raul Seixas. Várias músicas de Caetano e Jorge Ben apresentam contextos desse tipo. Parecem músicas sem nexo se você não conseguir identificar *o caminho que o significado percorreu e por meio de que emoção...*

Quatro dias mais tarde, quando quis ficar viva, desejei estar viva para ver meu filho crescer, e ver os filhos de meu filho crescerem. Em outra situação, na 2.ª, naquela em que descobri a ligação com a triancinolona, no 4.º dia após o início do processo, em um momento específico do entardecer, quis estar viva para ver o sol nascer.

Após compreender a mecânica de alguns dos sintomas mais leves, adquiri o hábito de citar como exemplo de sintomatologia de psicose a nível de pensamento a seguinte linha de raciocínio:

Ao telefonar em seguida para dois telefones diferentes e encontrá-los ocupados, em situação normal, se insistirá e não se fará nenhuma inferência além daquela da coincidência de estarem ambos ocupados.

Um estágio acima, se as duas pessoas se conhecem ou não, começa a aparecer a facilidade de se inferir que ambos os telefones estão ocupados porque as pessoas estão falando entre si. Mesmo sendo essa possibilidade remota. Nesse estágio, se eu não estiver tomando *trifluoperazine* eu começo as 0.4mg.

No estágio mais grave, muitas vezes quando o estado da psicose ainda não se faz transparente ao observador, a inferência tende a ser uma certeza de que as duas pessoas estão se falando entre si e pode evoluir para acrescentar que estão falando entre si *e mal de você*. Veja aqui surgir a conotação da paranoia. E esses são sintomas absolutamente iniciais. Quando se chega nesse terceiro estágio já há concomitância de vários outros sintomas. Por exemplo, a falta de apetite e leve insônia podem estar começando ou em fase inicial.

Sobre o Trifluoperazine e o efeito que chamei de Freio Mental

Sob o efeito do trifluoperazine, Stelazine, a 10-15 mg.

A saída do pior da psicose nos coloca em câmera lenta, quase parando.

Enquanto o pior é o aceleramento das funções mentais, levando à convulsão.

A saída desse processo passa por um estágio em que a dopamina, as *Catecolaminas,* periféricas (mais relacionadas à ansiedade) podem até estar suficientes [até em excesso, ou se reorganizando], mas, a dopamina, fica baixa demais e torna o indivíduo vulnerável à "inação". Talvez seja isso que o joga nos sintomas negativos vistos na depressão: com a dopamina muito baixa, apesar das *catecolaminas* periféricas poderem estar aproximadamente dosadas ou até em excesso. Não sei como fica a Serotonina nesse caso.

Se for possível ativar a dopamina de qualquer forma, sabe-se que as catecolaminas estão lá em suficiente quantidade porque as emoções que podem eventualmente ser ativadas são fortes o suficiente e geralmente tendentes à agressão: assim como na primeira etapa de plasticidade. Mas está menos estruturada e deve ser a etapa mais fácil de se cometer suicídio. É um processo enganoso e insidioso porque, quando se pensa que o pior já passou é justamente nessa etapa que o organismo tenderá a não superar a tristeza ao reconhecer danos causados e intensa perda de motivação.

Porque a dopamina baixa age como a ausência daquela intensidade, força e direção no comportamento do indivíduo; essa intensidade, força e direção que o observador convencionou chamar de "motivação". Não é um termo mal: "motivação".

É também nesse ponto que o número de interlocutores irá diminuir e será o menor possível. Se não houver interlocutor o organismo morrerá.

OBS: Sei que estou simplificando quando reduzo o problema às dopaminas, mas é importante lembrar que os antipsicóticos típicos só bloqueiam a dopamina, não interferem na Serotonina, 5-HT.

Algumas características que poderiam ser da espécie a comentar ou já comentadas em parte

Gestos com as mãos assumem significados *GRITANTES* que interferem no processamento da fala e têm, várias vezes, forte conotação sexual, mas não necessariamente sempre. Várias vezes parecem interferir ao mesmo tempo que *FALAM* em paralelo com o discurso proferido. Às vezes significados consonantes, muitas vezes dissonantes.

Gestos da face, caretas e mão-face, a mesma coisa.

Vejo o conjunto desses dois fenômenos que acabo de citar como podendo indicar formas remanescentes e mais primitivas de comunicação ainda funcionais no organismo que observa o outro (enquanto sua própria cognição falada está ficando "incapacitada"). A mistura de significados entre o falado e o gesto irá ocorrer, confundir, atrasar e desnortear o processamento e a produção da fala do indivíduo quando tentar se comunicar.

Ao observador externo, sua fala e interlocução será entremeada de olhares desfocados para infinito durante os quais estão ocorrendo livres associações que podem estar relacionadas aos tópicos das conversas ou absurdamente interligadas a memórias passadas ou memórias de diálogos com outrem. O importante desse fato é que a formação da memória no indivíduo "incapacitado" acerca da conversação ocorrerá com fragmentos da conversa e os fragmentos da interrupção. Acredito que essa seja a base do que se convencionou identificar como fenômenos de alucinação ou delírio.

O outro fenômeno que me agrada como indicando alguma filtragem mais primitiva ao organismo é a tendência a formar faces com os fragmentos da cena. Ocorre mais tipicamente em situações acromáticas ou neutras.

Acredito que esse fenômeno indique necessariamente um processamento primitivo mais automático e embutido na espécie para processar e reconhecer faces. Acredito também que haja uma série de filtros que inibem esses processamentos em tamanhos específicos quando em utilização. Por exemplo, se estou processando imagens em que predominam frequências espaciais $3x$, então estariam inibidas as imagens que poderiam ser formadas com frequências $6x$ e $1,5x$, podendo essa inibição se estender a imagens nas faixas de x e $9x$. O que parece acontecer nesse fenômeno é que: *particularmente para faces*, as frequências x, $1,5x$ e $3x$ ficam disponíveis (com limiares baixos) ao mesmo tempo que se observa a cena em mais alta frequência. A inibição das frequências mais baixas parece impossível. De fato ela predomina sobre a cena mais detalhada. Não acredito que seja um problema de acomodação. Inclusive porque o fenômeno se manifesta em situações de foco no infinito (grandes distâncias). Acredito que seja um fenômeno no processamento central da imagem e que signifique uma quebra na inibição de uma das faixas de filtragem.

Dali apresenta esse fenômeno em conjuntos de filtros que implicariam em pelo menos três ou mais filtros de frequência. Acho que posso extrair de seus quadros as frequências prováveis.

Dali retrata esse fenômeno em corpo inteiro (eu nunca tinha visto assim, só em faces; agora já vi) em alguns quadros colocando ao mesmo tempo a fragmentação da imagem que forma um grande todo assim como as fortes conotações sexuais que assumem formas, gestos e símbolos.

Na realidade Dali me parece até por demais fiel e objetivo ao desenhar os fenômenos que vê e percebe, assim como me parece impiedoso e cruel em perseguir seus detalhes, sendo ao final das contas sarcástico e cínico a respeito de si mesmo e daqueles que o cercam na qualidade de observadores externos. Em todo esse conjunto, inclusive nessa própria atitude do pintor, a reafirmação dos sintomas da psicose (paranoica).

Encanta-me que ele demonstre formar a mesma opinião do Dr. Freud e dos psiquiatras que eu formei (e que para esse mesmo fim formou Raul Seixas nas músicas "Rock do diabo" e "Fim de mês"). Dali desenhou claramente sua opinião da psicanálise. Dos quadro que vejo, sinto-me a concordar plenamente com suas opiniões no "O Farmacêutico de Ampurdán à Procura de Absolutamente Nada" e "Encontro da Psicanálise com a Morfologia" (o Farmacêutico parece Freud).

VIVENDO ESQUIZOFRENIA

"O farmacêutico de Ampurdán à procura de absolutamente nada" de Salvador Dalí.
O farmacêutico parece Freud

1994-2017

Sobre meu último surto

Quase todo o texto anterior foi escrito na fase prodrômica do meu último, intenso, agudo e demorado surto que evoluiu lentamente durante quase um ano.

O início do fim do meu casamento começou em dezembro de 1990. Desde então, foram três anos de penosa convivência com meu marido e filhos até que eu pedisse, em dezembro de

1992, que ele deixasse nossa casa. Dei toda a assistência durante um ano e meio quando ele se apaixonou, mas ele só saiu de casa em abril de 1993. Tanto estresse durante tanto tempo me fez esvair física, emocional, sensorial e cognitivamente. Eu era pai e mãe de meus filhos que tinham completado apenas 6 e 3 anos em outubro de 1990. Cheguei a pesar 40 kg (eu tenho 1,50 m).

Em junho de 1993, descubro um imenso tumor benigno que tinha tomado todo o meu ovário esquerdo que foi, então removido e começo a entrar lentamente na fase prodrômica. Em novembro exploro as possibilidades de ir para a UFSCar. Escrevo isso no texto que estive elaborando até fevereiro de 1994:

> ... como já disse no início..., nunca comprei discos de Raul Seixas antes de sair do Brasil em 1978. Da época de lançamento lembro-me apenas de gostar da *Mosca na Sopa*, *Gitã* e *Eu nasci há dez mil anos atrás*. A última música que reconheci haver ouvido antes de sair do país e haver gostado foi *O dia em que a terra parou*. Eu a ouvi no final de 1976. Não me lembro de havê-lo ouvido desde minha volta ao país em 1985.

> Foi só em novembro de 1993 [quando eu já havia iniciado trechos deste livro] e em uma ocasião em que se assomavam em mim outra vez os fenômenos associados à psicose, que ouvi na casa de minha irmã o CD *Personalidade (Raul Seixas)* três vezes seguidas. Devo dizer que minha vulnerabilidade emocional naquele dia estava bastante alta.

> Ouvi o disco as três vezes sem acompanhar os nomes das músicas, sem prestar a atenção em quantas eram, e pensando ao mesmo tempo nos meus problemas.

> Ao final da primeira rodada completa do disco, um sentimento de coincidência excessiva de estados emocionais ao haver acompanhado razoavelmente as letras das músicas. Eu não lembrava de conhecer outras músicas a não ser as que mencionei.

Comecei a ouvir a segunda rodada resolvendo, apenas levemente, prestar novamente atenção em alguns pedaços de músicas que pareciam me falar de psicose de alguma forma que não estava clara para mim. Mas em mim, àquela altura, havia apenas a certeza de muitas coincidências que eu não podia prontamente identificar ... Ao final da primeira leitura do disco o mecanismo acusou probabilidade positiva e alta... mas eu ainda não sabia de quê!].

No final da segunda rodada tive a certeza de que o conteúdo tinha a ver com psicose. A mais evidente para mim era, naquela ocasião, a óbvia perda do referencial nas músicas *Gitã*, *Eu Nasci Há Dez Mil Anos Atrás* e *Como Vovó Já Dizia*. Além disto, os absurdos divertidíssimos de *Como Vovó Já Dizia*, davam outra conotação às músicas *Gitã* e *Eu Nasci Há Dez Mil Anos Atrás*, ou seja, os componentes combinados, pelo menos em três músicas, de perda de referencial, sequências de associações aleatórias e de absurdos divertidos. Apenas isso já era suficientemente não aleatório.

Como se não bastasse, havia mais associações espúrias e divertidas em outras músicas, havia muita emoção em outras, e a música *Para Noia* também estava entre elas. Mas qualquer um pode falar em paranoia.

Entretanto, de todas as músicas ouvidas ao final de três vezes, a única que busquei saber o nome quando me levantei do sofá foi a que descobri, então, tratar-se de *O Homem*.

Foi só cerca de quatro semanas mais tarde, já em Recife, e após haver comprado os CDs *Personalidade* e *A Arte de Raul Seixas* [diferentes entre si apenas pela música *Como vovó já dizia*], ao ouvir seguidamente o CD *A Arte...* [buscando seguir e identificar novas letras para verificar mais dados para falar dos indícios dos fenômenos da psicose] que encontrei, súbita e inesperadamente, enquanto escrevia no computador, a sequência de 4-seg das frequências altas justamente no contexto da música *O Homem*. Na realidade eu ouvi a sequência de repente. Achei que não era a música. E depois que, se fosse, não podia ser nenhum acaso aquela sequência ali. Voltei a música, encontrei-as e marquei a duração. E, em seguida, na outra rodada do disco, as outras sequências de frequências altas na *A Hora do Trem Passar* tornaram-se também evidentes a mim. Desta vez lembravam-me ainda melhor daquelas a que me referi no exemplo do ônibus.

O que me impressionou muito foi o fato de que estas duas músicas, **em letra e música**, são combinações inusitadas de severidade dos fenômenos que se assomam na psicose.

A Hora do Trem Passar parece, sem dúvida, uma música escrita (e provavelmente composta) na época em que se agravava a presença dos fenômenos em sua 1.ª psicose. E ele não sabia do que se tratava e tentou dizer isso na letra:

... medo de falar ... não sei se é hora de partir ... ou chegar ... onde passo ... não consigo te encontrar...ou já esteve ou nunca vai estar...tudo já passou... foi tão de repente que eu nem sei como explicar...diga...preciso escolher ... apagar as luzes, ficar perto de você, ou aproveitar a solidão do amanhecer prá ver tudo aquilo que eu tenho que saber...

Palavras que ilustram a confusão que se forma na mente da pessoa que está indo na direção de um processo do qual vê evidências, mas não sabe o que querem dizer.

Esta letra fala de insônia, medo, lugar em que se está sozinho [apesar da citada presença de outra pessoa ali], que tudo já passou, trem [coisa] que já passou, ser tão de repente (medo? pânico?), não saber explicar, não saber escolher, solidão e coisas que tem que saber. As coisas que tinha que saber parecem ser de todos os fenômenos que estava vendo e ouvindo e dos quais nada sabia até então.

Nestas condições é absolutamente surpreendente que justamente as frequências sonoras altas que mais se assemelham ao fenômeno que narrei como vinculadas ao tipo de ruído que fazia determinado ônibus, e que também ocorreram durante o processo de instalação, e até durante o tratamento, de minha 1.ª psicose (cujos fenômenos até então eu também desconhecia), *justamente estas frequências estejam presentes em longas durações na música que acompanha esta letra.*

No meu entender de fazer ciência psicológica, as chances de todo o conjunto destas coincidências haver ocorrido ao acaso são virtualmente nulas.

Esta música é de 1973. O que coloca esta data, nos pontos que vou levantar aqui, como a data provável de sua 1.ª psicose que estava começando a assumir proporções graves.

A Hora do Trem Passar, portanto, ao meu ver, marca sua 1.ª psicose.

Como a música *O Homem* parece me falar claramente da desistência de um suicídio, ou da sobrevivência a uma psicose, e sabendo que esta música é de 1976, faz-se impossível, com um intervalo de 3 anos e dada a gravidade que o processo evidenciou existir, se tratar ainda do mesmo processo de 1973.

Coloco então o seu segundo e mais grave processo de psicose em 1976.

O Homem, portanto, marca sua 2.ª psicose.

Eu não me havia dado conta que a letra era de Paulo Coelho. Mas a música e os sons muito provavelmente são de Raul Seixas. Os sons não eram coincidência! Não posso acreditar que estejam lá por acaso, se não confeccionado por eles, a pedido deles. E se olharmos o disco de Raul de 1973, na capa ele se apresenta esquelético. No disco de 1976 a primeira música é *Canto Para Minha Morte.*

No livro original, eu me perdi escrevendo sobre as letras e músicas dos discos de Raul Seixas analisando as letras que refletiam sua dificuldade de se inserir no meio musical do Rock, revelando muita rivalidade com Jorge Ben que já havia composto *Fio Maravilha* e *Patropi*. E então aparece *A Mosca na Sopa* que diz "eu vim prá ficar".

Foi na viagem à Campinas-SP e São Carlos-SP, que acabei de descrever, que me senti sair do equilíbrio como descrevi na sessão acima que falo do meu autodiagnóstico. Estava com minha irmã em São Carlos conversando sobre a possibilidade de ir para lá quando ocorreu a leve sensação de tonteira e rapidez de pensamentos desorganizados. Foi isso que aprendi a controlar com *Stelazine* em quantidades inferiores a 1 mg.

De volta ao Recife, ouvi várias vezes as músicas *O Homem* e *A Hora Do Trem Passar* e conferi os sons dos quais falei.

Minhas suspeitas de sua gravidade e significância para esquizofrenia foram confirmadas quando uma amiga (adulta jovem) foi me visitar porque tinha entrado em surto e sabia que eu também sofria do mesmo mal. Ela gostava de ficar na minha casa às vezes. Minha curiosidade foi superada pela minha ética. Perguntei se ela gostava de Raul Seixas, ela adorava, e pus a versão mais simples do som de 4,0 segundos que está enterrado no meio da música *O Homem*. Fiquei com o dedo no botão de parar e ela se sentou para ouvir a música. Tudo ia bem até que no primeiro instante do 1.º segundo do som a que me refiro ela se levantou subitamente e disse "Tira". Ao que eu parei instantaneamente.

Isso confirmou minha suspeita e eu pus na minha lista de futura investigação.

Outra curiosidade ocorreu ainda em Campinas, quando minha irmã me levou a uma livraria. Havia um livro de Dalí, colocado em pé, evidenciando um quadro seu. Na fase prodrômica, tendo voltado de São Carlos para Campinas, imediatamente vi Salvador Dalí pintando os sintomas da esquizofrenia com maestria. Tenho certeza que em muitos quadros, ele viu a imagem completa no ambiente antes de pintá-la. Quer dizer, ele viu, e via, pareidolias, e as escolhia pintar. Esse é um dos sintomas que vou discutir em mais detalhe (na realidade, este é o sintoma que chamei de concatenação de formas no artigo Simas et al. 2011).

A ida para UFRJ

De volta ao Recife, tendo São Carlos não dado certo, voltei à minha vida no Departamento de Psicologia da UFPE.

Escrevi uma série de cartas a um amigo que se encontram em um capítulo à parte.

Meus filhos ficaram comigo e iam à casa do pai nos fins de semana de quinze em quinze dias. Entretanto, o apartamento no qual morávamos era meu e de meu marido, que se sentia no direito de chegar na minha casa sem se fazer avisar praticamente todos os dias da semana à tarde por volta das 18 hs. Uma vez resolvida a crise, ele passou a se interessar pelas crianças. Foi numa circunstância dessa, quando eu estava *ouvindo A Hora do Trem Passar* em alto volume, que tem grande quantidade dos referidos sons, que eu senti minha emoção subir em ondas, que pareciam ser de maiores larguras que os meus membros, percorrendo meu corpo em direção ao coração. Dei um pulo e desliguei o som. O processo, seja lá o que fosse, foi interrompido.

Descrevi o que se passou nesse trecho de carta datada de 1.º/mar/94 (capítulo abaixo).

Em um dos fins de semana seguintes, meus filhos na casa do pai, viram o que não deviam e minha filha no dia seguinte me diz: "Mamãe, eu sonhei que eu morri e caí lá em baixo desta janela". Ela já havia me dito que quando perguntavam onde ela morava, dizia que tinha três casas. Aquilo me alertou demais e eu pensei, ela vai saber onde ela mora.

Era prazo para entrar com pedido de Bolsa de Pós-Doutorado no País. Com minha esquizofrenia (que eu conhecia apenas como psicose) e duas crianças era inviável sair do país. Como meus pais moravam no Rio, no Humaitá, entrei em contato com IBCCF-CCS-UFRJ, onde dois professores me acolheriam nos próximos 2 anos. Eu levava as crianças e todo o meu Laboratório (que já fazia parte dos Grupos de Pesquisa do CNPq), encaixotava minha casa, vendia meu carro, pagava a mudança e ia.

Mais simples dito que feito. Até a resposta sair em março eu piorei e, se tomasse *Stelazine*, não ia conseguir viajar de cansaço. Seriam 6 semanas até eu melhorar e eu não estaria em condições de alugar e instalar um apartamento no Rio.

Nessa época eu ainda não sabia o que eu tinha, mas resolvi que dessa vez eu ia até o fim e ia descobrir. Minha irmã perguntou como podia ajudar, perguntou se falava com meus pais para virem ao Recife. Relutei, mas concordei. Eu não tinha forças para fazer tudo sozinha. Minha empregada, ainda que boa gente, só ajudava cuidando da casa e com as crianças.

Escrevi a Carta 11. Foi quando minha irmã sugeriu que meus pais viessem me ajudar.

Meus pais vieram e eu escrevi na Carta 12 meu estado de confusão e hipersensibilidade à luz numa ida ao shopping.

Foi assim que, após 28 de março de 1994 eu empacotei a casa e saí com meus pais para o Rio. Minha mãe convenceu A. a ficar com as crianças até eu alugar o apartamento. Ela queria que eu deixasse as crianças e eu disse que de jeito nenhum. Assim como tinha falado para meu marido que por pena de minha doença e asma ele não precisava ficar comigo. Por pena, não. Eu ia sobreviver. Viver.

A chegada no Rio de Janeiro

Esta parte eu relato de memória depois de 23 anos. Passei cerca de uma semana na casa de meus pais antes de conseguir alugar um apartamento. Eu estava mal. Com uma paixão unilateral e delirante. Mesmo assim, consegui o apartamento do outro lado da Cobal Humaitá, na Rua Voluntários da Pátria, 3º andar, acreditando piamente que havia sido providenciado para mim por determinada pessoa. E ninguém entendeu minha certeza. Limpei todo o apartamento sozinha e aguardei a mudança. Depois fui me apresentar na UFRJ. Meu laboratório ia chegar e eu tinha que ter onde colocar.

Uma sala foi gentilmente cedida por um dos professores que me recebia.

A mudança deve ter chegado em abril e fiquei literalmente que nem uma louca arrumando a casa para receber as crianças. Na UFRJ, também arrumei o laboratório

Por falar em angústia, eu sentia muitos sintomas neurológicos, às vezes o que eu acreditava serem leves convulsões, sentindo partes do corpo em sequência, e um dia liguei para minha mãe com a certeza de que ia morrer. Minha mãe perguntou: "Você já menstruou?" Não deu outra, no dia seguinte baixou o sangue e eu me senti melhor.

Então teve um dia em junho que meu filho me ligou três vezes. Aquilo para mim era uma mensagem de socorro. Agendei a vinda nos dias seguintes. Implorei à Marinete para vir também para ajudar com as crianças e a casa, pois eu tinha que arrumar escola para elas e ficar indo à UFRJ.

Eu ficava escrevendo em cadernos teorias mirabolantes de filtros angulares e quis ilustrar tudo numa palestra. A palestra seria na UFRJ. Meu estranho comportamento já tinha sido detectado e os professores cancelaram a palestra para me preservar.

Eu fiquei revoltada, tinha feito filtros de papel celofane colorido e bastidores para ilustrar minha teoria. Tinha levado tudo e não deu em nada. Quando cheguei em casa, desliguei as campainhas dos telefones e passei um fim de semana com as crianças incomunicada.

Minha família foi ao desespero. Só liguei os telefones na segunda-feira. Minha irmã de Campinas, A., ligou para saber se eu queria que ela viesse passar uma semana. Eu disse que sim. Ao ver o meu estado, ela tentou me tratar levando um psiquiatra especialista em autismo que me deu *thioridazine, Mellaril,* 100 mg. O que se tornou uma das piores experiências que eu já tive porque dormi o dia inteiro, e o efeito é amnésico. E se há uma coisa que eu prezo é minha memória intacta. Resultado: escondi o remédio porque eu não queria que me dessem mais. E aí foi minha irmã que pirou. Achava que eu ia me matar. Se eu fosse me matar teria sido no primeiro surto, quando tudo era novo e muito mais angustiante. Mas, nem ela, nem minha família, sabia disso. Quem sempre cuidou de mim foi A., longe da família. A psiquiatra sempre ia na minha casa me tratar. Algumas vezes eu ia a seu consultório.

Eu tinha também feito o papel lastimável de enviar orquídeas à parte que não me correspondia. Na UFRJ, fiquei trancada no banheiro das mulheres e, ao invés de gritar, com vergonha, inverti a lata de lixo que era alta e pulei por cima da porta e fui embora, sem falar com ninguém.

Eu não conseguia comer. O cheiro e sabor era tão intenso que eu não aguentava. Ficava enjoada só de passar na rua e sentir o cheiro de comida que vinha das lanchonetes. Tomava 1 litro de leite Levíssimo da CCPL que descia que nem água. Não queria perder muito mais peso. Dormia mal. Sentia todo o tipo de sensação em diferentes partes da cabeça, sobretudo no frontal esquerdo e parietal direito. Mas eu estava cuidando da higiene e me vestia bem. Aprendi a comer abacate puro. O gosto era suave e a textura agradável. Ouvia a rádio o tempo todo pelo fone de ouvido. Devo ter reduzido a vida útil da minha audição em vários anos. Um dos meus irmãos (éramos 9) tinha me levado a um psiquiatra, Jerson Laks, com quem eu não simpatizei. Paguei a consulta e fui embora.

Finalmente, uma noite meu irmão médico apareceu em minha casa à noite com alguns irmãos e me disse que ia me internar. Ou eu ia por bem ou por mal. Juntei meu monte de CD e CD player e fui.

Uma semana

Fui levada para uma casa discreta na Av. Maracanã. Subi para o quarto e depois fui ao refeitório ligar para meu pai para dizer que ele tinha que me tirar de lá. Eu estava extremamente alterada e falava alto. Depois de algum tempo me convenceram a ir para o quarto onde, depois de muito andar e ouvir rádio, fui dormir. Não quis me cobrir, embora estivesse frio, porque a colcha era áspera. Mas me comoveu ver um enfermeiro preto, muito atencioso que, pensando que eu estava dormindo, me cobriu com a colcha gentilmente. Foi um gesto que suavizou minha noite.

Fui internada essa única vez, no meu último surto em 1994.

Meus 6 anos, uma lembrança recorrente desde o primeiro surto

Internamentos não me trazem boa memória. O confinamento é insuportável.

Quando eu tinha 5 anos e meio eu estava brincando de me pendurar numa haste de metal quando caí sentada. Meus pais ficaram muito preocupados e me levaram ao meu tio médico, irmão de papai. Ele viu o raio-X e disse que eu não tinha quebrado nada, mas estava com princípio de pneumonia e aconselhou minha mãe a me internar, porque eram cinco filhos e seria difícil cuidar de mim adequadamente.

Ao meu ver de criança fui abandonada por minha mãe, junto com um outro irmão em um Sanatório de freiras em Campos de Jordão. Meu irmão partiu depois de uma semana e eu fiquei para trás. Com asma e princípio de pneumonia me davam *corticoide* e uma vacina semanal subcutânea que ardia horrivelmente, e eu me dava o direito de chorar sempre, berrando de raiva.

Eu fiz 6 anos lá. Minha mãe estava no Rio de Janeiro e mandou uma amiga que me deu uma lata de leite condensado de presente e tirou muitas fotos. Antes de ir embora deixou o que na época devia ser CR$1,00 (um cruzeiro) com a irmã de presente para mim. Mais tarde naquele dia, na hora em que todos ficavam nas cadeiras com termômetros na boca, a irmã resolveu me repreender em público dizendo que não se devia pedir dinheiro às pessoas. Que era feio. Eu tinha ganhado. Minha revolta com esse incidente perdurou por muitos anos, até depois do último surto, quando decidi falar sobre o ocorrido com minha mãe.

Minhas lembranças de lá não são boas. Leite frio com nata, sem açúcar, pela manhã. Muitas rezas na capela. Uma comida que não deixa lembranças, exceto pelo creme de abacate com açúcar que todos gostavam, menos eu. Meu primeiro dente caiu lá quando em chupava uma laranja. Engordei e não gostei.

Eu me lembro de me isolar das outras crianças porque não senti afinidade. Eram de origem mais humilde, diferentes de mim. Também me tinham como diferente. E não gostei da aula que fui numa escola com crianças de todas as idades. Não fui mais. Um dia meus pais chegaram e tudo quase se acabou.

Lembro-me de várias situações em que vi as consequências. Lembro-me de meu irmão quebrando minha mamadeira depois disso e mamãe dizendo que não ia comprar outra. Lembro que na escola fiz um desenho da família e não me incluí. Fiquei de observadora. Fui questionada sobre isso. Por último, fui alfabetizada em casa, por uma vizinha, professora aposentada, aparentemente sem maiores danos porque ingressei no primeiro ano primário na idade certa de 7 anos. Aos 8 anos entrei no Colégio Notre Dame de Sion, onde fiquei até os 15 anos.

Aprender a perdoar

Tive que aprender a perdoar minha família pela internação. Culpei o médico que não me atendeu em casa, como tinha sido antes no Recife. E compreendi que a inexperiência da minha família da minha situação os levou a fazer o que achavam melhor. O psiquiatra amigo de minha irmã até tentou, mas errou a medicação.

Na clínica preferi ficar no quarto o tempo todo. Não queria ver ninguém na mesma situação que eu. Preferia me isolar até sair. Não tomei banho em protesto. Só me senti obrigada a tomar quando me enviaram um médico para tratar de minha asma. Achei que seria inadequado não tomar. Minha família não sabia, mas eu estava determinada a não ficar lá mais de uma semana.

No segundo dia que estava lá, depois de 2 doses de *pimozida, Orap*, de 4 mg e duas de *clorpromazine* 200 mg, chegou meu irmão e a minha raiva foi instantânea, ao pensar em virar a cabeça para olhá-lo, senti um soco, tão intenso e tão instantâneo quanto a raiva que senti, explodindo dentro do meu lóbulo frontal esquerdo. Fiquei impressionada. Parecia uma inibição maciça.

De fato, no sábado, quando completou uma semana eu saí. O psiquiatra Dr. Jerson Laks quis assegurar que eu não me indisporia com minha família. Eu tinha dado um boneco do livro cuja parte está neste texto, duvidando da psicose, questionando a psiquiatria, e acho que ele quis mostrar a força que tinha. Foi-me dito que ele só me atenderia se eu fosse internada.

Chegada em Miguel Pereira

Fui levada para Miguel Pereira onde meus filhos esperavam por mim. Eu me sentia como um espantalho sustentado por uma vassoura. Minha coluna estava rígida e era difícil me abaixar. Talvez fosse extrapiramidal. Não me lembro de ter tomado *biperideno*.

Como disse anteriormente, tipicamente 6 semanas para sair do processo. Quando voltei à UFRJ voltei aos meus experimentos com frequências espaciais, radiais e angulares que me levaram a demonstrar o fenômeno que descobri e mencionei acima, o que chamei de "Muitas-Faces" (publicado na Perception, 2000). Descobri esse fenômeno na fase prodrômica também em Miguel Pereira, em 1994. Eu estava na penumbra, insone e fiquei olhando fixamente o retrato de minha mãe, a face devia ter uns 12 cms, e, de repente, os cortes de cabelo começaram a mudar. As áreas dos olhos e da boca eram escuras e circulares. Graças aos experimentos que rodei na UFRJ descobri, em 1995, que mostrar faces na periferia provoca um fenômeno que desfila um banco infindável de faces por quanto tempo você quiser olhar. A colocação na região do ponto cego é das melhores posições, mas não a única. E qualquer um pode ver. Em geral, veem o efeito 65-70% da população.

Na volta ao psiquiatra tomei conhecimento de que realmente o que eu tinha era esquizofrenia. E me falou uma coisa que hoje considero inaceitável, que 95% dos pacientes tomam remédio por 5 anos e podem parar.

Eu já não era tão ingênua que achasse que podia parar. Não acreditei nisso. Já eram 10 anos de esquizofrenia para eu achar que não tinha. Ele ignorou minha história pregressa.

Medicamentos

Hoje acredito fortemente, com toda a minha alma, que se deve manter o remédio até o fim da vida. É como ter pressão alta, diabetes, convulsões, bipolaridade etc. Em primeiro lugar minha sanidade. Foi-me dito que eu devia fazer o que eu normalmente faço, mas com uma dose de manutenção que seria menor do que a que eu estava tomando. Eu mantive apenas o *Orap*, 4 mg/dia, por um tempo e depois voltei para o *Stelazine*, 4 ou 5 mg/dia.

Voltei para minha psiquiatra quando fiquei sabendo do Ziprexa em 2002 para pegar na Farmácia de Medicamentos Especiais do SUS (que começou em 2016-2017 a ser destruída em todos os estados, mas está funcionando novamente). Optei por tomar um atípico para alívio dos sintomas extrapiramidais. Dentre os sintomas extrapiramidais que mais me incomodavam estava a sensação de não conseguir abrir os olhos quando estavam fechados e a sensação de tremer a ponta da língua quando eu falava.

A Olanzapina é uma péssima escolha de antipsicótico. Ganha-se muito peso (nunca mais perdi), aumenta a prolactina a ponto de sair muita secreção dos seios, aumenta colesterol e triglicerídios e pode levar ao diabetes. Faz um estrago no organismo.

Em 2004, descobri o Aripiprazol e a Ziprasidona. Minha psiquiatra conseguiu, e receitou por 2 meses, o aripiprazol, que era muito novo na época, mas mudou para a Ziprasidona porque tinha no SUS. Depois de um processo protocolar que levava um mês, eu comecei a pegar o Geodon, 2 caixas de 80 mg e uma de 40 mg, minhas doses variavam de 160 a 200 mg por dia. Aprendi a identificar sintomas quase puramente fisiológicos com um consequente sentimento psicológico. Aprendi a lidar com termos como angústia, estresse, ansiedade, depressão e bipolaridade, assim com autismo e aprendi a diferenciá-los e relacioná-los aos melhores remédios para cada sintoma. Por exemplo, apesar do *Geodon*, comecei a sentir que havia ainda uma desmotivação, um acovardamento, uma vontade de não sair, e minha psiquiatra disse para eu experimentar a *bupropiona, 150 mg/dia*. Mas sobrou o medo. O puro medo. Medo indefinido e geral sem nenhuma objetividade, e ela sugeriu *citalopran, 20 mg/dia*. Deu certo. Tomei Geodon até 8-fev-2017. Mais de dez anos nos quais desenvolvi e produzi muito trabalho científico e acadêmico na UFPE. Faltou no SUS em março do ano passado (2016), e nas farmácias, ao preço (incluindo o desconto de 35%) de R$957,00 por 2 caixas de 80 mg, faltou a partir de agosto de 2016. Minha psiquiatra conseguiu amostras grátis e caixas de pacientes que haviam parado de tomar que me duraram até fevereiro de 2017.

Ela sugeriu que eu voltasse para o Stelazine, e eu sugeri o *Aripiprazol, Aristad,* porque quem provou atípico não quer voltar para o típico. Desde 2004, minha mente evoluiu muito, meu pensamento ficou muito mais claro e objetivo. A fluidez do pensamento melhorou. Não tive nenhum efeito extrapiramidal. Tomei a combinação infalível descrita acima por 10 anos e agora não podia continuar. O que fazer?

Minha opção foi pelo *Aristad*. Mas não foi fácil trocar. Mantenho a *bupropiona* e o *citalopran*. Fui para a casa de meu filho em João Pessoa, porque moro sozinha no Recife, e primeiro tentei 10 mg de *Aristad* e 5 mg de *Stelazine* juntos por dois dias. Eu dormia, mas não descansava. Tinha sobrado Geodon de 40 mg, no segundo dia incluí um Geodon e dormi melhor. Depois de tentar essa combinação por quatro dias, e Geodon dois dias, desisti, saí atrás de uma receita de Aristad de 10 mg, 30 comprimidos, e felizmente consegui tudo em amostra grátis com uma amiga. Como eu estava tomando 160 mg de Geodon, o equivalente seria 30 mg de *Aristad*, mas minha psiquiatra advertiu que podia ser muito e que em excesso pode causar Mania e Delírio. Optei por 20 mg/dia. Não observei efeito extrapiramidal por mais de uma semana. Ao fim desse período, observei minha língua tremer levemente na aula que dei na pós-graduação. Consultei minha psiquiatra, ela disse, "Eu não te medico, você se medica, eu apenas faço as receitas. Não posso opinar". Eu insisti, quero sua opinião e ela disse que nessa dosagem, todo o mundo que ela conhece tem que tomar concomitantemente a medicação anti-parkinson. Ela tinha sugerido 15 mg, mas eu tenho muita dopamina e fiquei com medo de ser pouco, porque uma das técnicas que ela me ensinou é dosar a dopamina até aparecer levemente o efeito de Parkinson. Assim você sabe que saturou os receptores. Como não senti o extrapiramidal por quase 10 dias e a meia vida do remédio é 75 hs, achei temeroso baixar. Entrei com amantadina, 100 mg, (aquela do House) apenas pela manhã, ao invés de duas vezes ao dia como sugerido por minha psiquiatra. Está dando certo. O efeito na língua desapareceu.

Considerando os últimos três dias, suspendi a Amantadina. Ao meu ver ela, de alguma forma, deixou sobrar muita dopamina e não dormi por 48 hs. Li um livro inteiro por mais de 6 horas e escrevi durante 8 horas seguidas.

Thinking in Pictures

Recentemente recebi a pesquisadora Dra. Alessandra Ghinato Mainieri que me falou do livro de Temple Grandin "Thinking in Pictures". Na mesma hora comprei e acabei de ler hoje de manhã. Foi o suficiente para me fazer a voltar a escrever o livro.

Minha visão e memória visual é muito boa, certamente acima da média, e o livro me interessou. Penso em palavras, mas em figuras também. Eu preciso ver figuras de expressões matemáticas bi- ou tridimensionais para operar os conceitos de frequências espaciais e angulares, visualizando as figuras na minha mente e manipulando-as.

Abaixo, em "Cartas a um amigo", apresento um exemplo no qual utilizo um artifício visual tridimensional para entender as *fases* de estímulos de frequências angulares, e as utilizo, mais tarde, na minha pesquisa já publicada no *Spanish Journal of Psychology*, (Simas e Santos, 2006).

Pesquisa com foco na esquizofrenia

Pareidolias em cenas naturais

Imagens de um desmoronamento imediatamente percebido por mim como a pareidolia de um mendigo

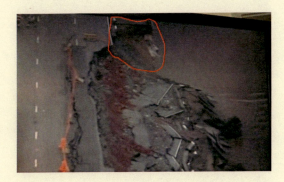

Perguntando a meu filho e outras pessoas, elas viam apenas a pareidolia de um rosto

Eu vi a pareidolia de um corpo inteiro

Em minha pesquisa desde 2002, comecei a trabalhar em como esquizofrênicos percebem os quadros de Salvador Dalí. Pergunto qual a primeira figura que eles veem em um determinado quadro quando mostro uma imagem de 10x15 cm a 30 cm de distância. Quando comparados ao grupo controle, esquizofrênicos percebem figuras pelo menos 1,5 maiores.

RESPOSTAS dos Grupo Controle e Grupo Experimental (Modesto, 2012)

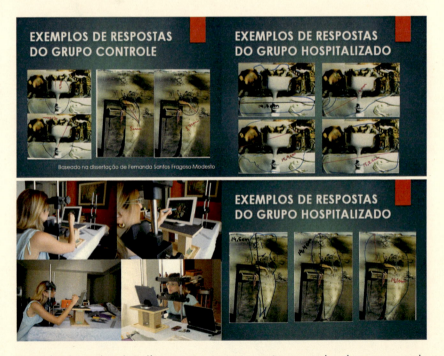

Exemplos de quadros de Dalí com a primeira imagem vista marcada pelo grupo controle (livre de sintomas) e o grupo experimental de pacientes hospitalizados com diagnóstico de esquizofrenia. Abaixo, à esquerda, o novo procedimento experimental no iPad

A ideia por trás desse experimento é buscar o agravamento dos sintomas, partindo do princípio que quanto maior, mais graves estão os sintomas. E nossos estudos ao longo de 15 anos nos revelaram um panorama muito interessante.

Controles veem figuras menores que pessoas com depressão que veem menores que esquizofrênicos que frequentam o ambulatório hospitalar que veem menores que os esquizofrênicos que frequentam os CAPs que veem menores do que os esquizofrênicos hospitalizados. Ou seja, quanto melhor o estado do cérebro, menores as figuras percebidas. Subtendendo uma tendência menor a perceber figuras espontâneas, ou pareidolias, no ambiente natural que frequenta.

Isso combina com minha visão de que esse critério de avaliar o tamanho das figuras que se formam espontaneamente no ambiente, utilizando o polegar e o indicador a cerca de 30 cm (aproximadamente o tamanho do braço desde a mão até o cotovelo) dos seus olhos, pode refletir a saúde de sua mente. Acredito que Dalí viu muitas pareidolias, em muitos tamanhos, tal qual ilustrado em suas pinturas.

As espirais musicais

Passei a chamar o ruído do ônibus que passava na rua e que foi identificado pelo número do teto, assim como os sons embutidos nas músicas de Raul Seixas e Paulo Coelho "O Homem, (1976)" (https://www.ouvirmusica.com.br/raul-seixas/79236/, logo após a frase "Vou poder contar meus filhos, caminhar nos trilhos, isso é pra valer") e "A hora do trem passar, (1973)" (https://www.ouvirmusica.com.br/raul-seixas/73539/, desde o início e em quase toda a música, nas mais variadas formas) de "espirais musicais". Estudei e continuo a estudar as características físicas desse estímulo sonoro bem peculiar. Também estão embutidos em alguns alarmes de carros e garagens.

Trata-se de estímulos modulados por dentes de serra na frequência sonora, variando de 2 a 8 kHz.

Criamos 16 estímulos, 8 modulados por dente de serra e 8 por seno. O resultado de um estudo piloto mostrou que o grupo com esquizofrenia julgava nove desses como, pelo menos, três vezes mais desagradáveis que o grupo controle. Sendo que os demais estímulos sonoros o grupo controle também julgou igualmente desagradáveis.

O Teste de Organização Perceptual Visual e de Apreciação Sonora, TOPVAS

Estamos criando uma bateria de testes que envolve visão, audição e cinestesia para avaliar o agravamento dos surtos. Envolve os quadros de Dalí, padrões coloridos que criamos semelhantes ao Rorschach, espirais sonoras e força da preensão palmar. Ainda estamos fazendo testes.

Alguns fenômenos que eu tinha esquecido de mencionar

No 1º Surto de esquizofrenia

A leitura das placas dos carros

Um fenômeno recorrente durante o meu primeiro surto foi, ao dirigir, ficar formando frases, como se fossem comandos ou premonições, com as letras das placas dos carros que ficavam à minha frente. Como se pode deduzir, era um processo contínuo e dinâmico, variando erraticamente os temas das frases formadas. Era compulsivo e desorientador. A ideia de ser controlado por alguém que gerava as frases com intenção deliberada de que eram dirigidas a você era uma certeza absoluta de minha parte.

Além disso, sofria com a interferência dos reflexos solares que também pareciam querer me controlar. Controlar minhas ações e me chamar a atenção. Em mim, a certeza de estar sendo controlada por alguém deliberadamente.

Em todos os surtos

O teatro e a sensação de ser observado

A sensação de que a interação com as pessoas era uma encenação já ensaiada. Parecia um teatro. Parecia que estavam representando para você e que já estava tudo ensaiado e combinado previamente. Que você estava lá como inocente, como parte não integrante da situação. Como se você estivesse sobrando e sem saber exatamente o que, ao seu ver, já tinha sido combinado entre os "atores" participantes. Parecia um teatro feito premeditadamente para observar suas reações e te controlar. Às vezes, a forte sensação de que suas intenções eram conhecidas e seus pensamentos transparentes aos demais. A sensação de que todos já sabiam como você ia agir ou reagir.

Muitas vezes, a sensação de ser gozado pelos outros, de que estão falando de você, de que riem de você, sempre num sentido depreciativo. A busca pelo isolamento passa a ser imperativa. É preciso muito autocontrole para aguentar a situação e se convencer de que não é nada disso. E a gente não se convence se estiver mal.

A sensação de que você está sendo observado o tempo todo, mesmo dentro de casa, mesmo andando de carro. A sensação de que os transeuntes sabem quem você é, de que existe uma rede de comunicação entre as pessoas, conhecidas ou não, e que estão todos observando e controlando o que você faz, onde quer que você esteja. E que eles já sabem o que você vai fazer. E aí entra o pronome "eles" do qual eu já falei acima.

Sobre as cartas a um amigo

A sequência de cartas abaixo foi escrita no estado prodrômico entre a minha volta de São Carlos ao Recife e a minha ida para o pós-doutorado no Rio de Janeiro, na UFRJ.

Ela mostra ao mesmo tempo a necessidade de um interlocutor, a confiança incondicional em determinada pessoa, o distanciamento respeitoso apesar da paixão, e o delírio de acreditar em mensagens enviadas por meio de músicas no rádio. Mostra o acreditar na comunicação intencional de alguém dirigida a você por meios extravagantes. O desespero por respostas e a perda de contato com a realidade.

Entretanto, contém textos científicos que mais tarde viraram pesquisas, assim como apresenta textos sem valor científico algum.

Ilustro, nas cartas, as descobertas científicas que nelas estão narradas. Narro também fenômenos ocorridos e ainda não estudados.

Ainda que possam decidir ao contrário, sugiro que leiam a íntegra das cartas. São reveladoras de um estado peculiar da nossa mente.

SEQUÊNCIA DE CARTAS A UM AMIGO

CARTA 1

Recife, 12 de fevereiro de 1994

X,

Esta carta me é muito especial. Ela vai em folhas separadas porque trata de dois assuntos: um extremamente pessoal e outro, um de meus melhores trabalhos em frequência angular até agora, que dará uma boa publicação e contribuição e que, com minha ida para a UFRJ, sinto condições para começar a encaminhar. Eu não queria desperdiçar uma boa idéia de pesquisa se não pudesse trabalhar seguidamente, por anos, nas novas direções de estudos que irão surgir e rapidamente se multiplicar à medida que os resultados forem sendo obtidos.

...and it is good to know that one of the very first best and finest ideas, and demonstration, will land on the lap of someone that has started to confound me with my art and my work. Same as I do. And simply because, for us, it is impossible not to achieve and be an achiever at the same time[2].

Vou começar pela visita de G. à minha casa em 31 de janeiro. Foi uma visita surpresa e eu gostei. Ele me falou que tinha conversado por telefone com você. Devo dizer que agora o vejo também como um interlocutor seu. E isto pode não ser inteiramente adequado à realidade. O fato é que ele começou a puxar conversa sobre você e eu não falo de você para os outros, e não gosto que me digam nada sobre você. Prefiro ouvir ou diretamente, ou nada. Eu falo a quem gosta de mim dos meus sentimentos por você dos quais

---

[2] ... e é bom saber que uma das melhores e das mais refinadas ideias, e demonstração, vai parar nas mãos de alguém que começou a me confundir com minha arte e meu trabalho. Assim como eu. E simplesmente porque, para nós é impossível não realizar e ser uma pessoa realizadora ao mesmo tempo.

não tenho vergonha nem medo de falar. Nem mesmo para você. Se você me permitir, esta é uma amizade que eu não admito perder, se eu não tiver que perder. Não sei dos compromissos que você tem com alguma mulher. Você me fala de sua mulher C. Se ela vive com você, quero ter a sua amizade sem prejudicá-la em nada. Sei impor e respeitar limites. E não faço isso por padrões externos. São os meus padrões escolhidos de forma e estilo de vida. Quem está comigo, ou está só comigo e tem a minha dedicação exclusiva, ou não está. E se não conviver comigo, lhe terei amizade dentro destes limites, as deep as it can be, e não me importará por onde anda e com quem anda porque não estará convivendo comigo. E não terá assumido qualquer compromisso para comigo. Meu maior ressentimento de A. é que não me tenha permitido exercer esta minha opção ainda no princípio de 1991. Quando ele quis, assim como se diz de Marcos Maciel: "somar". A. e S. não entenderam que existem escolhas na vida que necessariamente implicam em "subtração". E mesmo ainda que haja aqueles que apreciam a "multiplicação" e não se importam com a "divisão".

Quanto ao seu X, ele me oprime. Ainda que não me sinta oprimida por você. O seu X já era um pouco demais prá mim. Assim como o peso que senti da tradição em pesquisa quando apresentei meu seminário em 1986 no IBCCF. Não me intimida a qualidade, mas a tradição sim. O que me ocorreu é que se você pudesse em alguma hipótese conviver comigo, eu o preferia mesmo é como veio ao mundo e sem cargos ou sobrenomes. Mas tem que trazer a sua conversa, qualidade e refinamento. Senão também não serve. Ah! sim, e o seu carinho e consideração para comigo. E o seu humor também refinado. Ah! E o brilho dos seus olhos e do seu sorriso, que se e me ilumina, quando me vê. O seu dinheiro pode ficar prá sua família que irá brigar por ele. Como uma parte da de minha mãe já brigou. É triste ver. Também pensei que, senão antes, pelo menos poderia vir conviver comigo quando o quisessem colocar em algum asilo.

Estou falando tudo isto porque já que é no Rio que têm as pessoas com quem posso melhor interagir profissionalmente, gostaria de poder contar com sua amizade, especialmente em algumas horas difíceis que sei que irei enfrentar. Na incidência da psicose, preciso de pessoas que gostem de mim para melhor decidirem por mim aquilo que é preciso decidir. Ou me ajudarem a decidir quando me for impossível fazê-lo sozinha.

Gostaria também de lhe dizer que você não está preenchendo o espaço de A. e nem ao menos foi por sua causa que finalmente me desvinculei emocionalmente de A.. Foi por causa do que os olhos de meus filhos viram na casa de A., e dos seus sofrimentos, que percebi não haver nada mais a preservar, exceto o bem-estar emocional de meus filhos. Isto foi em maio-junho de 1993.

Foi só em agosto de 1993, quando não pude ir à FESBE, e colocando Ad. para dormir, que descobri inesperadamente que minha memória auditiva já havia me traído e guardado de reconhecer a entonação e o timbre de sua voz, e associado isso ao "building up" de uma liberação hormonal típica da espécie. Eu estava colocando uma estória do "Conte outra vez" para Ad. e, de repente, um rei falou com a sua voz, entonação, humor e muito carinho. Pegando-me totalmente desprevenida.

Como eu estava ajudando M., a partir de então foi-me impossível [ao analisar os discursos, os percursos da interação interpessoal que ela estava atravessando] evitar o que eu já havia começado a evitar desde agosto de 1991. Parar para pensar o quanto eu gostava de você. Desta vez, não me foi mais possível parar. Os sentimentos por A. já não estavam lá.

Minha decisão de ir para o Rio não foi e não é motivada por você. Não tenho a intenção de interferir em sua vida nem de exigir nada. Tentei outras soluções e, só depois e finalmente, capitulei para o que eu já sabia e que me era óbvio porque eu sei das ideias teóricas que estão na minha cabeça. O melhor lugar no Brasil seria, sem dúvida, a UFRJ. E você está no Rio. Não sei o que fazer com isso.

Acho que chegou a sua vez de falar.

Desculpe a dureza de minha carta sobre a loucura. Falei certo, tenho medo de ir de novo a X e não saber como agir. Minhas últimas visitas já me eram difíceis porque não sei e não gosto de disfarçar meus sentimentos. E eu sei que eles são tão óbvios aos observadores. Desde criança me dizem isso: "Está na sua cara!". Não me agrada ser tão óbvia em algumas circunstâncias.

E se tudo isso for difícil e um embaraço para você, eu também sei me afastar. Não quero prejudicá-lo em nada. Não consigo prejudicar intencionalmente nem mesmo aqueles que me ferem tão profunda e propositalmente.

A. é bastante analfabeto na leitura e interpretação de gestos mudos de carinho. E aparentemente tem um foco de carinho muito restrito e centrado em apenas um indivíduo de cada vez. Ele se acostumou a agir apenas com ansiedade muito alta e tem enorme dificuldade de trabalhar tão intensamente e ser, ao mesmo tempo, gentil com os outros. E quanto mais de casa, pior. Mais destratado. Verdades ditas encontram fúria súbita. Desejo que Al. aprenda melhor a controlar isso.

Já no terceiro dia de escola, e gostando da escola, Al. perdeu o ônibus e recomeça o problema emocional. Recomeça não, continua. Não vou deixá-lo piorar. E darei os caquinhos de Stelazine se precisar. Será difícil aguentar até abril. Eu já sabia disso.

Estou enviando mais pedaços do livro. Não consegui me decidir se quero ou não ouvir seus comentários a respeito. Penso que interferem com o processo de escrevê-lo e que talvez seja melhor não. Basta dizer continue ou pare.

Não sei o que você irá achar de tudo isso. A rádio JB me parece falar de suas respostas a mim. São pedaços de frases, músicas, pequenos fragmentos que parecem suas respostas, ou que eu gostaria que fossem respostas suas. É intrigante e gostoso de curtir estas percepções mesmo que espúrias. O poder ser ou o se assemelhar ao outro ou aos próprios pensamentos é o que faz o divertimento. Na realidade, as músicas são, em sua grande maioria, depoimentos na forma eu, você ou ele e o tema amor é dominante.

A música SAVEIROS de Caymmi chamou-me a atenção por suas baixas frequências iniciais como "desagradáveis" e em seguida me emocionou na semelhança das velas e dos lençóis nas janelas [de minha narrativa]. De fato, eu costumava ouvir Saveiros quando ainda em casa de meus pais.

Vou passar então para outra folha para falar das coisas que comecei finalmente a fazer com frequências angulares e que deverão formar a base da pesquisa que falei ainda estarem na minha cabeça. Vou colocar em separado para que possa mostrá-las a R..

Veja, X, eu posso não saber cálculo, mas, felizmente, sei dobrar papel, bem dobradinho, e botar bem direitinho a matemática [que outros sabem e] que preciso para minhas filtragens angulares. Dobrei os papéis e fiz as relações de fases que acho mais prováveis com o melhor aproveitamento e economia da rede neural.

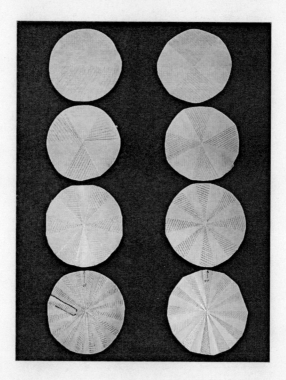

Papéis que dobrei sucessivamente para entender a relação entre as fases das frequências espaciais angulares dos filtros que mais tarde estudei. Na parte científica da carta de 12 de fevereiro está descrita a descoberta do Fenômeno de Muitas Faces e a discussão que se segue é a base do trabalho com filtros de frequências angulares cujas Figuras A, B, C, D, E, F, G, H do artigo de Simas e Natanael no Spanish Journal of Psychology (2006) estão inseridas a seguir

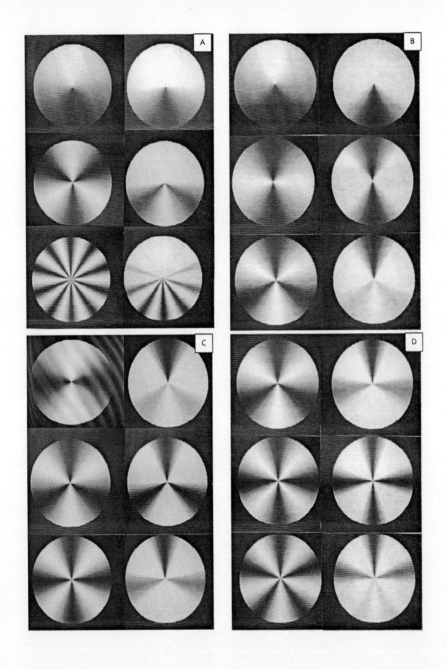

Premissas

Parti de algumas premissas e fiz algumas demonstrações que estão em anexo.

As premissas são:

[1] Que as modulações que são descritas como frequências angulares são senoidais e variam com o ângulo em torno de um círculo [360º]; o número de ciclos n = nº inteiros, e que, da equação de onde se extrai esta definição, surge um número de ciclos que é adimensional e independente de qualquer distância do observador.

[2] Que a fase escolhida para estes filtros é, em tese, arbitrária.

[3] Que, se uma amostragem em termos de frequências angulares realmente é feita pelo sistema visual, então devem haver algumas características já conhecidas do processamento visual que possam servir como indicação das fases a serem escolhidas.

[4] Que tomei por base a assimetria na inversão dos valores acima/branco abaixo/preto que produz resultados perceptivos distintos para colocar a fase do filtro de um ciclo como sendo um hemicampo onde o máximo de luminância ocorre na posição trigonométrica para seno = 1 e o mínimo onde o seno é = -1.

[5] Que, por suas características especiais, o filtro de três ciclos poderia ser um dos filtros mais primários atuando na filtragem de faces, consideradas corretas as polaridades escolhidas. Se olharmos uma face, e tomarmos por centro o ponto no centro do nariz e entre os olhos, teríamos cada olho e a boca caindo em uma mesma fase do filtro de 3 ciclos. Dali faz um quadro de suas faces exatamente com estas características. Mas não foi de Dali que tirei a idéia. Foi do fenômeno que vi, em penumbra, sobre uma foto que me parecia preta e branca e com o rosto de minha mãe ocupando de entre 10-15 cms de altura. Olhando-o fixamente, durante a noite que passei em claro na casa de meus pais vi, para minha surpresa, se reproduzir um fenômeno igual àquele das transformações e mudanças de faces que aparece no vídeo da música "Black or White" gravado por Michael Jackson. Não pude estabelecer se era a memória de haver visto a sequência que estava sendo ativada ou

se era um evento dependente de minha própria memória para as matrizes que estão guardadas em minha mente para aquelas pessoas que conheço. A frequência era bem baixa e a foto da face de minha mãe na penumbra servia de matriz para overlay outras formas sucessivas de rostos à muito baixa frequência. As regiões dos olhos e da boca eram vazios pretos e sobre isto variavam os contornos dos rostos que vi sem qualquer conteúdo de alta frequência para reconhecê-los. Mas variavam formas de cabelos e até curtos. Por isso suspeitei que poderia ser a memória da sequência guardada do vídeo que vi várias vezes. Mas não demais, e não recentemente. Foi a partir disso que observei, mais tarde, no mesmo quadro [em vez de em Miguel Pereira, agora no Rio], com pouca luz, mas de dia, como colocar o filtro angular sobre a face. E, olhando de novo fixamente, pude obter ainda alguma variação de face mesmo nestas condições, no 2º dia após a observação do fenômeno, e já tendo tomado a primeira dose de Stelazine e dormido mais de dez horas. Foi só quando já estava em Recife que observei caracterizados os três ciclos [tal como imaginei colocar] na pintura de Dali.

[6] Que resolvi que teria que sair algum resultado que me mostrasse a correta polaridade de 3 ciclos se eu observasse os pós-efeitos que deveriam ocorrer após se olhar fixamente para o centro do círculo onde estaria uma aproximação da frequência angular de 3 ciclos em ondas quadradas como no desenho em anexo. A idéia básica é semelhante ao fenômeno de fragmentação de imagem na retina relatado por Pritchard. Minha idéia era que, após a pós-imagem do filtro em si, deveriam aparecer as composições que o filtro estaria fazendo com outras frequências angulares devido ao uso de fibras em comum. As composições que aparecem são interessantes e, busquei somente duas que me confirmam a mais provável orientação dos filtros de 1 e 3 ciclos e de 2 e 4 ciclos. Dois e 4 ciclos são outro caso à parte.

[7] Quando procurava decidir sobre as inversões de fases, fiquei desenhando todas as que seriam importantes para 1, 2, 3, 4, 6, 8, 9, 12 e 24 ciclos. Verifiquei que bastava girar o filtro de ângulos cada vez menores, à medida que se aumentava o número de ciclos. Assim, para 1 ciclo, giros de 180 graus para duas orientações diferente de 90 graus. Para 2 ciclos, um giro de 90 graus, para 3: 60, para 4: 45, para 6: 30, para 9: 20, para 12: 15 e para

24: 7.5. Parei aí. Foi então que me ocorreu que o sistema visual poderia estar utilizando duas séries diferentes para cobrir as áreas que sofressem primeiro uma amostragem em determinada polaridade. A outra série começaria pela outra polaridade. Foi assim que determinei as fases das frequências que dobrei e colei nos papéis que representam os filtros angulares. Fiz duas séries. Uma: 1, 3, 6 e 12 e 2, 4, 8 e 16 ciclos.

ANTES DE PROSSEGUIR A LEITURA, veja minhas demonstrações com os desenhos de 3 e 4 ciclos. As instruções são as seguintes:

A demonstração é feita se fixando o olhar no centro do desenho com a frequência [ou 3 ou 4] por cerca de 2 minutos. Depois, ao se olhar para a região escura, se verá o pós-efeito brilhante dos ciclos escuros. Haverá então um desaparecimento e voltará a se formar uma imagem brilhante. É para se desenhar esta forma se for diferente da pós-imagem em si.

Entre outras, aparecem duas formas que poderiam ser facilmente explicadas pelo acoplamento de fases iguais nos filtros de 1 e 3 ciclos e que utilizei para orientar os filtros de 1 e 3 ciclos e de 2 e 4 ciclos. Foi até interessante porque passei uma tarde olhando pós-efeitos de 3 e 4 ciclos sem descobrir nenhuma regra. Então resolvi colocar no papel as famílias de pós-imagens compostas que estavam aparecendo e se repetindo. Mas as famílias começavam a variar após duas ou mais adaptações. E as orientações eram relativamente variadas e desordenadas. Tive que parar por causa de criança. Quando retomei, resolvi dobrar os papéis e, muitas interrupções depois, pude tentar alinhar as fases olhando as pós-imagens compostas. Foi então que vi que eu tinha pensado ao contrário. Escolhi as polaridades como num sistema aditivo. Mas os filtros são subtrativos. Eu tinha errado as duas polaridades. Foi então que refiz os estímulos e obtive pós-imagens que combinam com as disposições dos pares 1,3 e 2,4. Foi com alegria que vi que, de fato, enquanto 1 é acima/branco e determina a colocação de 3 ciclos, 2 é acima/preto. Fiquei feliz.

Escolhi depois que centrava os filtros das frequências dobradas no 1/4 de ciclo de mesma fase na posição seno = 1. Os papéis estão colados assim.

Confira as polaridades 1,3 e 2,4 com as demonstrações. Se meu sistema visual não tem qualquer problema, os resultados deveriam ser semelhantes aos desenhados na próxima página.

[8] O interessante é que, ao superpor os harmônicos, também podem ser criadas ou aproximadas outras frequências mais altas, o que poderia reduzir drasticamente o número de filtros necessários. Oito parece bastante, mas acho que podem ser mais.

[9] Tudo isto para falar da organização das amostragens de luminâncias com variação no ângulo e tendo como centro do campo visual o ponto de fixação, correspondente às fóveas nas duas retinas. As amostras parecem ser independentes para cada olho. Inferindo-se isto a partir das adaptações independentes para cada olho. O que explicaria a alta qualidade da resolução espacial e de profundidade independente do uso dos dois olhos e da cor.

[10] Quando à variação das luminâncias ao longo do raio, elas não são nem lineares como no papel, nem logarítmicas. Elas são dependentes dos filtros angulares a que se acoplam. E é a isto que se refere a equação de Sneddon a que me referi no capítulo 5 da tese de Doutorado. Foi A. quem achou a equação. E M. me explicou. As conversões para as imagens de frequência angular e Bessel foram inicialmente programadas e orientadas [a alunos de IC-CNPq meus da graduação da informática] por A.. A escolha das fases, a compreensão das amostragens e da organização das projeções que saem da retina é feita por mim.

[11] O filtro angular zero deve ter uma função eminentemente foveana. Foi o filtro sugerido por Kelly em 1960. Ele o sugeriu como estímulo e não mediu filtros só a rMTF (em 1975 e 1981 ou 1982?[esqueci] depois pego o artigo e a referência, também está no artigo do Brazilian Journal). Foram estes filtros que já medi para 1 e 4 cpd e encontrei diferenças marcantes em relação aos filtros medidos com grades senoidais, ambas as séries com o mesmo método. Embora se pudesse argumentar que as diferenças estão meramente refletindo as diferenças de intensidades dos estímulos em si, não me satisfaço com esta explicação. O que me interessa sobremaneira é que, enquanto a pseudo-série de filtros de grades senoidais já está saturada, a série Bessel ainda funciona linear-

mente a contraste bem altos e não saturando. O que coloca a série de filtros de grades senoidais como afim à série de filtros angulares. Entretanto, já conseguimos medir o limiar para grades senoidais comparado à frequências angulares e pudemos observar que a série de filtros angulares tem um patamar muito mais amplo e ainda mais baixa que o para grades senoidais.

[12] As modulações das luminâncias ao longo do raio, então, à medida que se afastam da fóvea equidistantemente em direção à periferia, irão ser moduladas, sucessivamente, por intensidades proporcionais a J_1 aliado à amostragem para 1 ciclo angular, J_2: para 2 ciclos, J_3: para 3 ciclos and so on. Se nós quiséssemos saber a que função se aproximaria o envelope destas modulações radiais seria necessário passar pelos máximos das maiores intensidades de cada um dos J_n. Não sei que função seria esta porque, além disto, há que se escolher as frequências radiais que, teórica e experimentalmente, poderiam variar de frações a cerca de 15 c/g [30 ciclos por grau se considerarmos o diâmetro]. A definição de c/g é igual para grade senoidal e para frequências radiais moduladas por Bessel. Ambas dependem da distância do observador.

[13] As polaridades das amostragens radiais, então, seriam dadas por estas funções de Bessel. O problema é que, provavelmente, as colunas de orientações espaciais estão fazendo as duas amostragens simultânea e sistematicamente. Além de intercalar cor, binocularidade e movimento.

[14] Now, what do you people know about visual mapping that can add to that information?

[15] Is it thinking too great at beating H&W on their own game?

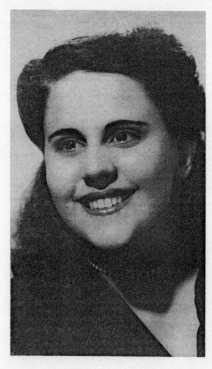

Essa foi a foto de minha mãe em que percebi o fenômeno descrito na parte científica da carta de 12 de fevereiro de 1994 no item 5, que mais tarde chamei de Fenômeno de Muitas-Faces.

Se se focalizar o "X" abaixo, fechando o olho direito, e prestar atenção no que se passa na imagem sem olhar diretamente para ela, pode-se observar o Muitas-Faces.

X

Se deixar passar um minuto ou dois, poderá ser vista uma série de faces diferentes da face do retrato. Inicialmente poderão ser vistos desaparecimentos, escurecimentos ou alterações de tamanho, mas essas observações não refletem o fenômeno.

CARTA 2

Recife, 15-fev-94

You won! I phoned you and, as you say, I woke you. The telefone was busy before, so, most likely I did not woke you. And since I am a fool, I don't care what I write to you any more. I have never felt like been serenaded by radio the JB before. And I gave you a lot of cards to play with. You've won. And if I am talking foolish, why did I hear that Franck Poursel??? [I don't know how to write his name] was the autor of Carmem de Bizet e da Dança do Fogo de Falla. And all the nonsense commentaries in between. You will say I have nothing to do with it, and I will say: that is why I am crazy.

I was contempt that I could only be letting it a bit too far on my mind putting together bits and pieces of melodies and occasional commentaries on the radio. But, when it gets to the point where it did. It's a bit too much for me to take. I talked to you about thought convolutions. Well I surely had one. First, as this foolish program took place. If you intended to sound as a commentary to my book, I would rather have it by written. I know what a kind of mess it is. But it can be organized and put together as something worthwhile, I think. If I only would have some help.

I say to myself: well, he put Gal's cantando "Verbos do amor", I have hurted him somehow. But it was not clear to me who was to say "sorry" to who. I don't quite know why, but I can say I'm sorry, I like you very much. I cannot see you hurt in anyway. And I am writting in english, because I got mad in english!

I will not check spelling as well. You are going to see all my mistakes at once. Do you want to see guilty appear as identified for Freud? This is it. Your probability counter does not work, and the organism keeps re-doing steps.

I thought of tearing apart the letter I had written to you together with my best work till now. Then I thought, it won't matter because, if I'm a fool you will not care about. And can be you the one to tear it.

You will be surprised with this business of angular frequency. As I am. It is so easy, it could have been done before. It took me 13 years to find it, and I got it in just two small drawings.

If this whole business is because the FINEP project, if I shamed you somehow, I am really sorry. But I had a husband on my side who kept inflating the project and telling me I could and should ask for more. He is from Chemistry and is used to get a lot of money. I did not go after this project because I was no longer sure I wanted to be in Recife. I did not use you. I do not like to use people. I was trying to stay in Recife. Asked for your help. You suggested it. I accepted. And, if it is not that, then tell what it is that I don't know.

Then I phone you. And you tell me you are sleeping and know nothing about. But, is care enough to estimate the length of my fury to have placed in the radio, at the moment that I am finally turning it on; I hear Frank Sinatra telling me: "Baby, you woke me in the middle of the night and I've got you under my skin! I say: surely. I only wonder where the few seeds were and who and how many people put it there.

But, if I am a fool, it does not matter anymore that I put it in writing. I could choose not to. But now, once more, I don't care. After handing you the book, I knew I was liable to be in a bad spot because of it. Because I know how you think and see things. You enjoy yourself quite a bit on fooling people's expectations. So does A.. And because of what my mind is used to do with me it makes me an easy target.

And if it is nothing of that, then God is laughing at me now.

But it is not only my mind that does that to myself. Other peoples' minds too. And it is very difficult to take.

I did not get the Stelazine this time, yet. I let the convolutions go. And so they went. They are thought convolutions and, in between changes of topics, different sets at a time, some little twists in muscles tensions. Different nodes of arguments and surely the word: "papai" came on alone not linked to anything else and followed by further thinking after a larger lapse than the previous thinking strain that led to it. It is a very quiet process. I felt like what I had supposed without knowing before, many different regions inside my head felt like communicating among themselves from one side to the other between the two hemispheres, about two regions at a time. But, at the end, I felt as the whole brain is being lighted up. My hear felt cold prior to and while.

If your intention was to hurt me. You did. If I talk against the way people talk and deal with madness, is because I can feel how inadequate it is. Just by being a fool. Now I am twice as fool. You are trying to lead me to believe that you do not care for me differently, and it is all so obvious in your very way of being while I am close by. I don't want to play the fool in front of other people anymore. I can be a fool. But I do not like to play the fool because I cannot hide what are my true way of being if you are around. There is no way I can ignore you when you are around. It is as if you were the electric current instantaneously present everywhere. And I'm the electron who knows it. How am I to deal with this? I can avoid going to X. How can I avoid seeing you at X? Tell me? I don't wanna see you because I will not know how to behave anymore. If my being at Rio is bad for you, tell me. Why don't you ever say anything?

I helped A. when he was in this way. And he was not even near shot in health as I have been over the last three years.

You don't have to care much. This is just a fools' letter.

I feel I have no other place to go because I am at the point of giving up my child to A.. And render it all over. Giving up. And I know I have the best work ever in my hands. Yet, I cannot live at that emotional state. I cannot have high emotions anymore. I feel very uncomfortable. And the heart feels as emptied of blood.

You people do not need to play any further with my emotions, they are high enough as they are. I don't know when I will be going down again.

Tell me if you do not wish me in Rio. Please, talk to me.

I decided that I would let you know all that are in these letters so that, knowing some of what goes on in my mind will give you a good idea of if and how much you are willing to help me other times with anything I ask you in the future. So that you are not made a fool of because of my craziness.

I made two big mistakes with you. I got down the bus to talk to you in 1991. I knew I liked you, and that there was a risk to me. I did. And I discovered during those 5 hours that I've shouldn't have done that because on a certain moment, it became clear for ourselves that we did enjoy very much each other's company. I didn't think about. I didn't want to think about any further. I thought I still had A. with me.

My second, or first mistake was [is] looking at you. I like what I see. I like your way of thinking. I like what you appreciate. Trouble is, I probably have much less to offer you than you can offer me. Probably it would end up just like A. who never was satisfied with what I could offer him. And, if it is never enough, it becomes very difficult to keep together.

I will be completely mad at once, and put all together the letter that I had prepared for you last 12/fev, this one, and a crazy one. And I still do not know whether you keep compromise with some woman, and live with C.. I am not going to cross any line if that is the case. But, I feel everyone is taking stakes at this! People love to bet on those things. I am giving up by ending up writing to you this way. But it is just a fool's letter. You can say that to your wife. And you will be correct.

I don't care about having my behaviour predicted. Anyone can predict many circumstances. But I can see trends of behaviours that others cannot predict. That is what I was trying to say in the book. Which might be a big shit. If it is, say so. If everybody is busy, but I, then I should really go to a full stop and stay there. Because I am tired. Nothing else to write.

But we surely could beat H&W at their own game, if you can see and understand the demonstration I send you in the other letter.

PLEASE IF YOU DO NOT LIKE THAT I WRITE TO YOU TELL ME OR WRITE ME SAYING SO AND I STOP WRITING AND SEEING YOU. SAYING NOTHING IS VERY BAD FOR ME. SAYING IS TOO. BUT AT LEAST I DO NOT FEEL MYSELF BEING DRAGGED TO YOU AS I AM FEELING. SAY YES OR NO. DON'T SAY PERHAPS. DON'T SAY I DON'T KNOW. IT IS EITHER YES OR NO.

As I see now, A. just prove two points that he already knew: I ended up phoning you to tell I like you and showed you, and I don't know how many people more, how crazy I am. But in the book I send you, it is also written that, after a big emotional event, I would be emotionally liable at about 30-45 days afterwards. Well, I don't know for sure which day A. came and made me change my plans to go at the end of January. But it must have been around 8/jan. Yesterday it would be 37 days after. At least in that I am correct.

Recife, 15-fev-94

Você venceu! Eu lhe telefonei e, como você disse, eu lhe acordei. O telefone estava ocupado antes, sendo assim, muito provavelmente, eu não lhe acordei. E como eu sou louca, eu não ligo mais para o que eu lhe escrevo. Eu nunca me senti ouvindo uma serenata pela rádio JB antes. E eu lhe dei um monte de cartas para jogar. Você venceu. E se eu estou falando como louca, por que eu ouvi isso [que] Franck Poursel??? [Eu não sei escrever seu nome] era o autor de Carmem de Bizet e da Dança do Fogo de Falla? E todos estes comentários sem sentido no meio. Você diz que não tem nada a ver com isso, e eu vou dizer: é por isto que eu estou louca.

Eu estava me contentando que eu estivesse indo um pouco longe demais em minha cabeça juntando pequenos pedaços de melodias e comentários ocasionais no rádio. Mas quando chega no ponto que chegou! É um pouco demais para eu aguentar. Eu falei a você sobre convulsões de pensamentos. Bem, com certeza eu tive uma! Primeiro, quando esse programa doido ocorreu. Se você teve a intenção de ser um comentário sobre meu livro, eu preferia ter por escrito. Eu sei o tipo de confusão que ele é. Mas ele pode ser organizado e arrumado de alguma forma que valha à pena, eu acho. Se apenas eu tivesse alguma ajuda.

Eu digo a mim mesma: bem, ele põe Gal cantando "Verbos do amor", Eu o feri de alguma forma. Mas não estava claro para mim quem deveria pedir desculpas para quem. Eu nem sei por que mas eu posso lhe dizer que sinto muito. Eu gosto muito de você. Eu não posso vê-lo ferido de alguma forma. Eu estou escrevendo em inglês porque eu fiquei furiosa em inglês.

Eu não vou checar a ortografia também. Você verá todos os meus erros de uma vez. Você quer ver culpa aparecer como identificada por Freud? É isto. O seu [meu] Contador de probabilidades não funciona e o organismo fica se repetindo.

Eu pensei em rasgar a carta que escrevi a você junto com o meu melhor trabalho até agora. Então eu pensei, não vai importar. porque se eu sou uma louca não vai fazer diferença para você. E pode ser você a rasgá-la.

Você ficará surpreso com este assunto de frequência angular. Como eu estou. É tão fácil. Poderia ter sido feito antes. Precisei de 13 anos para achá-lo, e eu consegui tudo em apenas dois desenhos.

Se isto tudo é por causa do projeto da FINEP, se eu lhe causei embaraço, eu sinto muito. Mas eu tinha um marido do meu lado que ficava aumentado e dizendo que eu podia e deveria pedir mais. Ele é da química e está acostumado a receber muito dinheiro [em projetos]. Eu não fui atrás do projeto porque eu não tinha mais certeza de que eu queria ficar em Recife. Eu não o usei. Eu não gosto de usar as pessoas. Eu estava tentando ficar em Recife. Pedi sua ajuda. Você sugeriu que eu submetesse o projeto. Eu aceitei. E, se não é isso, então diga-me o que é que eu não sei.

Aí eu liguei para você. E você me disse que estava dormindo e que não sabe de nada. Mas se importa o suficiente para estimar a extensão da minha fúria ao colocar no rádio, no momento que eu acabei de finalmente liga-lo; eu escuto Frank Sinatra dizendo: "Baby, you woke me in the middle of the night and I've got you under my skin! E digo: com certeza. Eu só fico pensando onde as poucas sementes estavam e quem as colocou lá.

Mas, se eu sou louca, não importa mais que eu coloque por escrito. Eu poderia escolher não. Mas agora, uma vez mais, eu não me importo. Depois de entregar a você o livro, eu sabia que eu ficava vulnerável por causa dele. Porque eu sei como você pensa e vê as coisas. Você se diverte bastante frustrando as expectativas dos outros. A. também. E porque o que minha mente costumava fazer comigo, faz de mim um alvo fácil.

E se não é nada disso, então Deus está rindo de mim agora.

Mas não é só minha mente que faz isso comigo. A mente de outras pessoas também. E é muito difícil aguentar.

Eu não tomei o Stelazine desta vez, ainda. Deixei as convulsões ocorrerem. Elas são convulsões de pensamento e, entre trocas de tópicos, diferentes assuntos por vez, algumas pequenas mudanças nas tensões musculares. Diferentes nós de argumentos e com certeza a palavra: "papai", surgiu sozinha desligada de qualquer outra coisa e seguida de mais pensamento depois de um lapso maior do que a corrente de pensamento anterior que levou a referida palavra.

É um processo muito quieto e silencioso. Eu senti como eu supus sem saber antes, muitas regiões diferentes na minha cabeça pareciam se comunicar entre elas de um lado para o outro entre os dois hemisférios, cerca de duas regiões de cada vez, Mas no final, eu senti como se a cabeça inteira estivesse acessa. Meu coração ficou frio antes e durante [todo o processo].

Se sua intenção foi me ferir. Você feriu. Se eu falo contra o modo que as pessoas falam e lidam com a loucura, é porque eu posso sentir quão inadequado é. Apenas por se uma louca. Agora eu sou duas vezes louca. Você está tentando me fazer acreditar que você não liga para mim de forma diferente, e é tão óbvio no seu próprio jeito de ser quando eu estou por perto. Eu não quero mais fazer o papel de louca na frente de outras pessoas. Eu posso ser louca. Mas eu não gosto de fazer o papel de louca porque eu não consigo esconder meu verdadeiro jeito de ser se você está por perto. Não consigo lhe ignorar de jeito nenhum quando você está por perto. É como se você fosse uma corrente elétrica que está instantaneamente presente em todo o lugar. E eu sou o elétron que sabe disso. Como eu posso lidar com isso? Eu posso evitar ir a X. Como posso te evitar na X? Diga-me? Não quero vê-lo porque não sei mais como me comportar. Se eu ficar no Rio for ruim para você, diga-me. Por que você nunca diz nada?

Eu ajudei A. quando ele estava assim. E ele nem estava tão mal de saúde como eu tenho estado nestes últimos três anos. Você não precisa ligar muito. É só a carta de uma louca.

Eu sinto que eu não tenho outro lugar para ir porque estou ao ponto de deixar meus filhos com A.. E entregar tudo. Desistir. E saber que eu tenho o melhor trabalho em minhas mãos. Mas não posso viver neste estado emocional. Não posso mais ter fortes emoções. Sinto-me desconfortável. E meu coração se sente vazio de sangue.

Vocês não precisam mais brincar com as minhas emoções, elas já estão muito altas como estão. E eu não sei mais quando elas vão diminuir.

Diga-me se você não me quiser no Rio. Por favor, fale comigo.

Eu decidi que deixaria você saber de todas estas cartas de forma que, sabendo o que ocorre em minha mente dê a você uma boa idéia de quanto e como você quer me ajudar de novo com alguma coisa que eu lhe peça no futuro. De forma que você não se torne um tolo por causa da minha loucura.

Eu fiz dois grandes erros com você. Eu desci do ônibus para falar com você em 1991. Eu sabia que eu gostava de você e que isso era um risco para mim. Eu desci. E descobri durante aquelas cinco horas que eu não deveria ter feito aquilo porque, num certo momento, ficou muito claro para ambos que nós gostávamos da companhia um do outro. Eu não pensei nisso. Não quis mais pensar nisso. Pensei que ainda tivesse A. comigo.

Meu segundo erro foi [é] olhar você. Eu gosto do que vejo. Eu gosto do seu jeito de pensar. Eu gosto das coisas que você aprecia. O problema é, eu provavelmente tenho muito menos a oferecer a você do que você a me oferecer. Provavelmente acabaria exatamente como A. que nunca está satisfeito com o que posso oferecer a ele. E, se nunca é suficiente, fica muito difícil se manter unido.

Eu serei completamente louca de uma vez, e colocar tudo junto na carta que eu preparei para você no dia 12/fev, esta, e uma outra doida. E eu ainda não sei se você mantém compromisso com alguma mulher, e vive com X. Vou cruzar todas as linhas, se este é o caso. Mas eu sinto que todos estão apostando nisso. Eu estou desistindo e terminando com isso escrevendo para você desta maneira. Mas é só a carta de uma louca. Você pode dizer isso a sua mulher. E você estará correto.

Eu não me importo em ter o meu comportamento predito. Qualquer um pode predizer em muitas circunstâncias. Mas eu posso ver tendências de comportamentos que outros não podem prever. Isto é o que eu estava tentando dizer no livro. Que pode ser uma porcaria. Se for, me diz. Se todo o mundo está ocupado, mas eu não, então eu deveria parar e ficar lá. Porque eu estou cansada, nada mais a escrever.

Mas certamente poderia vencer H&W em seu próprio jogo se você puder ver e compreender a demonstração que eu lhe enviei na outra carta.

POR FAVOR, SE VOCÊ NÃO GOSTA QUE EU LHE ESCREVA, DIGA-ME, OU ESCREVA-ME, E EU PARO DE LHE ESCREVER E LHE VER. NÃO DIZER NADA É MUITO RUIM PARA MIM. DIZER TAMBÉM É. MAS PELO MENOS EU NÃO ME SINTO ARRASTADA ATÉ VOCÊ COMO EU ME SINTO. DIGA SIM OU NÃO. NÃO DIGA TALVEZ. NAO DIGA QUE NÃO SABE. É OU SIM OU NÃO.

Como eu vejo agora, A. acabou de provar dois pontos que ele já sabia: eu acabei ligando para você para dizer que gosto de você, e mostrei a você, e não sei a quantas pessoas mais, quão louca eu sou. Mas no livro que eu lhe mandei, está também escrito que depois de um grande evento emocional, eu estaria emocionalmente vulnerável cerca de 30-45 dias após o mesmo. Bem, eu não sei exatamente o dia em que A. veio e fez com que eu decidisse mudar meus planos de ir no final de janeiro. Mas deve ter sido cerca de 8/jan. Ontem faria 37 dias. Pelo menos nisto eu estou correta.

CARTA 3

Recife, 15 de fevereiro de 1994.

Caro X,

Sinto muito lhe haver ligado ontem à noite. Assim como sinto lhe enviar estas outras duas cartas que estão anexas a esta. Elas foram escritas ontem, uma de manhã e outra depois do telefonema. Descrevo nelas o que penso que observei como fenômeno de convulsão tipo pensamento. Começou no meio do programa de rádio após a Dança do Fogo e com aqueles comentários imbecis no meio, fui-me sentindo com intensa indignação por achar ser gozação e análogo à má interpretação do texto de que seria o livro. Não ignoro suas fraquezas. Queria saber do que serve. O coração fica frio e a cabeça começou a pensar compulsivamente juntando os pedaços de informação que eu estava deixando entrar à deriva. Quando lhe telefonei, era um pedaço de música que eu utilizei para achar que era esperado que eu telefonasse. Eu sei que eu gosto de você, mas não queria lhe falar dessa forma.

Estou mais uma vez no meu limiar, onde já estive tantas vezes. Desta vez absolutamente sozinha em casa. Não tive medo. A ausência da cortisona me faz bem. Sinto o que chamei de DC baixo. Sinto que a adrenalina pode subir mais forte que eu já aguento. Mas não muito forte. Depois de falar com você no telefone. Decidi que não tomava o Stelazine e deitei sentindo as várias partes dentro de minha cabeça em movimentos internos. Só consigo comparar com convulsão. Enquanto isso, eu ficava deitada e sem movimento, mas, durante os minutos que durou o processo, que eu não cronometrei, pequenos movimentos reflexos pelo corpo em diferentes partes até terminar a percepção de movimento interno na cabeça e tudo cessar. Foi quando liguei novamente o rádio, com um pouco de atraso, e ouvi o finalzinho da música a que me referi. Nesse caso, achei interessante porque eu queria atribuir a alguém, uma das pessoas a quem dei o livro prá ler – o controle do processo. Não sei dizer o caminho, nem as associações que percorri. Mas algo não me passou despercebido como Freudiano, de repente, quase no fim do processo, me vi murmurando entre lábios "papai". Uma pausa, continuou, e parou quase logo depois. É impressionante. Mas como vou conseguir isso dentro de um CAT scan? Sem dúvida, o final do processo trouxe maior estabilidade aos movimentos de que falei dentro da cabeça. Vou deixar prá lá. Sinto-me falando sozinha. Não parece que interessa ou faz diferença descrever como fenômeno.

Sempre cultivei sua amizade com carinho. Mas você não me fala de você e eu não sei perguntar. Nunca perguntei essas coisas a homens. Não gosto de perguntar. Não aprendi a fazer isso se gosto da pessoa. Não sei o que fazer. Sua amizade é importante para mim podendo ou não estar com você o tempo todo. Não consigo ignorá-lo. Não dá para perceber? Sei que você gosta algo de mim porque senão eu não seria alvo de tanto ciúme por sua causa. Várias ocorrências. E isso sempre me deixou intrigada.

Só adicionei esta folha para dizer que leia com reservas o que escrevi passando mal e, para lhe dizer que, com essa, como eu já esperava pifar, vou deixar os meninos com A. não sei por quanto tempo. Eu só posso me cuidar no momento. Ainda não falei com A.. Mas fazem 37 dias do dia que ele me argumentou para ficar depois de janeiro. Quinze dias da visita de G., quando tomei cachaça que tomo ocasionalmente. Isto agravou o processo. E o falar de meus sentimentos por você para G. também.

Por que você nunca fala nada? Acha que eu não poderia manter sua amizade sendo casado? Gosta das coisas que lhe escrevo? Não lhe pergunto porque acho que não deseja falar. E deve ser isso mesmo. Só que você esteve comigo em um momento importante em 1991. E eu não consegui destruir isso. Não vou conseguir. Repor A., já era difícil, repor A. e você é-me impossível.

Não consigo ler estes dias. Não quero sintonizar com as notícias do dia a dia e estou cansada. Vou ver se A. fica com as crianças. Não sei se meu filho aguenta.

E ainda estamos tentando enviar uma aluna para Doutorado no exterior e estou ajudando a formar o processo até 6ª feira.

Se não for para eu lhe escrever mais e não lhe ver, me diga. Não seja só "polite". Eu não consigo. Eu me policiei tanto, desde 1991, para não lhe falar do que parecia o início do processo de separação de A. Cuidei de fazer aquilo que acredito. Ao menos fale alguma coisa de sua opinião. Sei quase nada sobre você. Parece que vai continuar assim. Qual é sua opinião sobre minha ida para a UFRJ? Prefere que eu vá para outro lugar. Não existem muitos. Não consigo ficar aqui. Por favor, veja a demonstração que enviei dentro do envelope para o acoplamento dos filtros angulares 1,3 e 2,4.

CARTA 4

Caro X,

16/fev/94

Esqueci de dizer que, pela foto do quadro de Dalí (abaixo), permaneci na mesma posição que ele durante a convulsão.

Só que lembro-me da sensação mais forte na região da têmpora direita. Embora sentindo sensações que cruzavam de hemisférios tanto na região temporal como na parietal. Quando a palavra papai veio lembro-me de sensações mais parietais.

Acredito que o sentimento de Dalí deva ter sido o mesmo. Prostrado sobre o lado direito, onde o fenômeno era maior, e sentindo os movimentos entre os hemisférios. Ele ilustra movimentação na têmpora esquerda e formigamento na região do queixo esquerdo. Não me lembro de efeitos na região do queixo.

Mas hoje, dia 16/fev/94, depois de colocar sua carta no correio, tive sentimento de dor leve e constante nas regiões temporais direita [leve] e esquerda [mais forte].

Quadro de Salvador Dalí "O Enigma do Desejo". Nas reentrâncias ele escreve "Ma mére, ma mére, etc". Curioso que a palavra que me veio à mente foi "papai". Observe o vazio (buraco) no coração (no meu caso, senti o coração gelado)

CARTA 5

17/fev/94

Depois de tudo que construí do que ouvi na rádio JB estes dias só consigo pensar no LP *de Nara Leão "Meus amigos são um barato".*

Mas quando vejo melhor, presto atenção nas notas culturais, em algumas notícias e nas sequências de alguns dos nomes das músicas eles fazem sentido e me dizem coisas que eu quero ouvir de você, e que você parece me dizer. Ora ressentido de alguma coisa, ora se van-gloriando de se estar comunicando comigo por este unique medium.

Nobody else could do that to me. Only someone understanding what I have tried to say in my book. Only for my own thinking, as well as for my history with you I can find the best fit for all the points I keep finding. They are a lower fit if the person is A.. It could be A.L., but she would not know certain details of emotions and situations that you know. She does not know you as well. Especially the music that seem to talk from you are the ones ending in la, la, la, la, or da, da, du, or with wisslings [assovios se escreve assim?]. But your strong talk and complaint comes in some blues and souls. Some of them nearly kill me of pain. And some of joy. And I keep seeing you through them. Are you the shark chanted by Louis Armstrong? Am I the fish? Do not pay too much attention to a fool's talk. I talked to you on the phone today. And I know it was because last night blues and souls hurt me badly with joy and pain. They were outrageously "sadic" and aggressive and punishing to hear. I wondered if that was your bad face saying see what it is being in this situation now? Yes, I am in this situation, but I still try to keep up with my dreams and the standards I have set for myself. As I like you anyway, and talking to you is for me much more important than else. This can be quite enough. And I will greatly appreciate. I like to talk with you, as I liked to talk to A.. Perhaps I talk too much. And it is too much for you to listen. Well, I am keeping it up. Going throughout it by myself and calling friends on the phone. But I sure was hurt by the Frank Pourcel [I still do not know how to write his name] stuff. And then, on the next day, one of the first few music played had the name "You got it bad, and this ain't good". And a further down "Don't you know that I care". There you have some samples of my thought interpolation. Trouble is, my probability counters, as I conceive them to be, continue to point, each time more, to you. Either that's you really, or that's, as I also claimed, my personal bias imposing upon them. In any event, if I can perceive your criticism to things I've said or done, or put in my book not entirely correct, I could argue for my sake that, at least I try to keep plasticity going and keep up with those commentaries as good criticism and things to be improved.

I know I sound too proud and self-assured writing some things. Well, this is how it goes. In psychosis, things are too polarized: either you are top of the world or down to the pits. And those who are down to the pits are the ones who more easily will die. It is generally easier and live surviving to keep with the top of the world mood. Still, it is not derived from "mania de grandeza", but from excessive low self-appraisal and much carelessness and lack of appraisal from people around. This tends to be dealt with the "I" summation I spoke of in "perda do referencial". I think reference is indeed lost in terms of predictions and expectancies that the organism holds about the environment till a certain point and then begin to point to continuous mismatches between expectancies and event outcome. That is why plasticity will increase and reference and expectancies will be "lost" for a little while in time that, for some people, may become forever.

Ninguém mais poderia fazer isso a mim. Somente alguém que sabia o que eu tentei dizer no meu livro. Apenas pelo meu pensamento assim como pela minha história com você eu consigo ver a melhor interpolação para todos os pontos que eu continuo achando. É um ajuste baixo se for uma pessoa como A.. Poderia ser A.L. Mas ela não saberia certos detalhes de emoções e situações que você sabe. Ela também não lhe conhece. Especialmente as músicas que parecem vir de você terminando em la, la, la, la, or da, da, du, ou com assovios. Mas sua fala mais severa e reclamações parecem vir em blues e souls. Alguns deles quase me matam de dor. E alguns de alegria. Você é o tubarão cantado por Louis Armstrong? Eu sou o peixe? Não preste muita atenção às palavras de uma louca. Falei com você por telefone hoje. E eu sei que foi porque ontem à noite blues e souls me feriram muito com dor e alegria. Eles eram extremamente "sádicos" e agressivos e punitivos de ouvir. Eu fiquei pensando se esta era sua face má me dizendo veja como é que é estar nesta situação agora? Sim, eu estou nesta situação, mas eu ainda tento manter meus sonhos e padrões que eu coloquei para mim mesma. Como eu gosto de você de qualquer maneira, e falar com você é para mim muito mais importante que qualquer coisa. Isto pode ser o suficiente. E eu vou agradecer muito. Eu gosto de falar com você como eu gostava de falar com A. Talvez eu fale demais. E é demais para você prestar atenção. Bem, eu estou mantendo isto. Atravessando isto sozinha e falando com amigos no telefone. Mas eu fui ferida com certeza pelo evento do Frank Pourcel [ainda não sei escrever seu nome]. E aí, no dia seguinte, uma das primeiras músicas que tocou era chamada "You got it bad, and this ain't good" ("Você se feriu e isto não é bom"). E depois "Don't you know that I care" ("Você não sabe que eu me importo". Aí tem uma amostra dos meus pensamentos, cada interpolação. O problema é que os meus contadores de probabilidades, como eu os concebo operar, continuam a apontar, uma vez mais para você. Ou é você mesmo ou é, como eu mesma já argumentei, minha tendenciosidade pessoal que se impõe aos fatos. De qualquer forma, se eu consigo perceber suas críticas a coisas que eu disse ou fiz, ou escrevi no meu livro incorretamente, eu poderia argumentar que, eu tentei manter a plasticidade em ação e tomar estes comentários como boas críticas e coisas a serem melhoradas.

Eu sei que eu pareço muito orgulhosa e cheia de autoconfiança escrevendo estas coisas. Bem é assim que funciona. Na psicose, as coisas são muito polarizadas: ou você está no topo do mundo ou lá no fundo do poço. E estes que estão no fundo do poço são aqueles que irão morrer com maior facilidade. É geralmente mais fácil e viver sobrevivendo mantendo o humor "topo do mundo". Ainda assim, não é uma forma de "mania de grandeza", mas de excesso de baixa auto- estima, de muita falta de cuidados e de depreciação das pessoas com quem interagimos. Tendemos a lidar com isto com a somação do "Eu" que eu falei na "perda do referencial". Eu *acho que o referencial está de fato perdido em termos de previsões e expectativas que o organismo mantém acerca do ambiente até certo ponto, e aí começa a apontar para sucessivos erros de ocorrência entre expectâncias e eventos observados. É por isso que a plasticidade vai aumentar e referência e expectâncias serão "perdidas" por um pequeno período de tempo, que, para alguns pode ser para sempre.*

Você sabia que uma das coisas que me entristece foi o fato de que A. não escolheu estar e envelhecer junto comigo? É-me difícil ver "On Golden Pond" sem ter este sentimento.

Eu já gostava de você e agora está difícil para mim. E gosto que você me diga que não irá deixar eu estragar esta amizade. Faz as coisas mais fáceis para mim e fale pouco [ou nada] sobre esses assuntos na frente dos outros para que eu não me sinta tão envergonhada. Eu seria capaz de correr. Já é difícil para mim como está. Já estava sendo difícil para mim como estava. As minhas duas últimas idas foram por puro socorro. Ponderei seriamente não aceitar ficar para o almoço. Mas como eu sinto o seu prazer na minha companhia, eu aceitei. Da última vez foi um suplício.

Don't get down too hard on me. The blues and souls of 17/fev on JB hurted me. And I keep seeing your voice through them. A.'s mother was brought up in a very racist environment and passed quite a bit from that to him. I find myself sometimes using some of his prejudice jargon just because I heard for so long. Yet, he always complained I could not laugh at the racist jokes he would tell. I can't. They hurt me. I feel the hurt for the others. And I find magnificent the way colors were put in the "It's a wonderlful world". Few people realize that's an anti-racist song. Once I kept spelling it out to A. and S. who could not realize that. It's amazing!

Resolvi deixar mais isso escrito. Desculpe escrever tanto. Não há pressa. Já me acostumei a não receber suas respostas. Basta-me que eu lhe telefone de vez em quando para conversar um pouco. Nunca vou deixar de gostar de você. Da forma que for a mais adequada, que não nos envergonhe, nem magoe a ninguém.

Você gosta que eu lhe escreva cartas?

Não vou tentar o e-mail. Não gostei do "Saudações" que você me mandou por e-mail. Era melhor que dissesse "Não me escreva mais". E além disso você nunca mais respondeu. Não tenho assunto de "business" prá tratar e entendi que você só queria ali assuntos de trabalho. Não gosto de e-mail.

Desculpe-me a minha insistência em lhe escrever e a minha loucura. Tenho conseguido predizer sua ocorrência [frequentemente 30-40 dias depois de fortes eventos emocionais] e lidar dar com ela com relativo sucesso através de contar os absurdos a interlocutores específicos que me dizem se já estou soando "a bit too off" or not (i.e. um pouco fora do ar, ou não). Desejo que você possa ser um destes interlocutores e, é assim que não tenho precisado de um psiquiatra. A minha única dúvida é se o tipo de convulsão que sempre achei que tendia a ter e que agora pareço haver tido significa coisas classificadas como "minimum brain disfunction", etc.

CARTA 6

18-fev-94

Esqueci de dizer, ou disse que, no dia seguinte ao que estou chamando convulsão de pensamento, de manhã, ouvindo uma música em violoncelo [bem baixo como no jazz] e com um ritmo repetitivo que lembra a música de Gil que começa dizendo "Nos meus retiros espirituais, descubro tantas coisas tão banais...". A música em cello lembra a parte que diz "... censurar ninguém se atreve..." mas é só um solo repetitivo em um ritmo que quando começou a fazer tremer levemente a minha cabeça, mudou o ritmo e interrompeu o processo. Acho que poderia de fato induzir a convulsão e é o caso se se olhar essa música mais de perto. Não guardei seu nome, mas ela já tocou 3 ou 4 vezes em cerca de uma semana.

Não consigo parar de escrever sobre detalhes. É que ainda estou impressionada com o efeito de punishment tipo freio mental que sofri ouvindo os três primeiros "blues [souls?]" com vocalistas, segundo o rádio [não guardei os nomes] no dia 17/fev no 1-hour-jazz da JB. Desde seu início em me senti desconfortável, senti violência, *sadismo, tom de forte censura, e crescente desejo sexual. A mistura me fez extremamente desconfortável fisiologicamente. E as palavras eu queria atribuir à sua censura a meu respeito. E, o que me intriga é que, no dia seguinte, por volta das 4:00 horas da tarde [máximo da cortisona], o efeito de freio mental pareceu-me máximo. Qual foi o tipo de liberação? Senti extrema ansiedade, sem pânico, extremo desconforto. Ansiedade e prostração. Overwhelming anxiety. Se você acha que a psiquiatria entra aqui, eu vou ser teimosa e dizer que não acho que precise. Eu lerei Freud no original, ou melhor, traduzido para o inglês. Preciso fazer tempo prá isso alguma hora. Mas o meu ponto continua: ouvir os "souls?" agressivos foi um mismatch em expectativa e o significado psicológico derivaria daí. Provoca as liberações já programadas na história da espécie e individual. Ainda assim, enquanto nossa cultura tende a focar no aspecto "dilema moral, religioso, desejo sexual a ser [ou não ser] contido". O que tende a me interessar neste exemplo é o **mood (humor)** de advertência, agressividade e ameaça **or else (ou terá consequências).** Isso não me parece coisa de papai e mamãe ou provider do organismo. Isso é um tom e um **mood** cujo **rosnar** sem palavras nos ameaça e traz ansiedade, e o ritmo e a batida que acompanhava o canto também. **Isso** eu acho ser da espécie. Claro que o efeito pode ser sentido maior ou menor dependendo da **liability (vulnerabilidade)** emocional e da história particular daquele indivíduo e das particulares circunstâncias. Mas comparo minha sensação do que é da espécie ao sentimento de Ad. ao ouvir a música de Ednardo "Pastora do tempo". Ela não sabia do que se tratava, mas não aguentava o "feeling of uneasiness" que é transduzido pelo arranjo, música e voz. Compreender a letra é só um efeito adicional de intensidade. O setting da emoção é feito pela música e **tom ou entonação** da voz. O que me lembra um experimento feito com Al. na Queen's University no laboratório de Psicologia do Desenvolvimento de Darwin Muir e Peter Dowell atribuindo **"harsh voice tone"** to given toys. What interest me here is what sort of liberations, hormonal or else, **do harsh voice tones** do? They seem to **link to fear**. And **this** is species specific. Even if the fear arises from specific expectancies of that particular individual. Still then, harsh voice and other specific sounds will be the medium for rising fear and inducing hormonal, CAs or else liberations. This would be some of the things to be [looked] after to, if we want to link psychology to physiology.*

Instead of writing the book, I end up writing to you. I keep on thinking you are appreciating it, silently not to change me somehow and make it difficult for me to continue to try to express myself. If that is so, I appreciate the care. I really work this way. Silence makes me well. Thinks have to be dealt with when I am in another mood. Not just now. I need to read more. But that has to come later. It is impossible for me now. I will continue to describe phenomena as I feel I witness them. That might help somehow. And at those times I have felt so many times as if my brains were split a long time ago and nobody would tell me. I feel lesioned somehow, never knowing for sure if the left or the right hemisphere.

I forgot to mention. Yesterday I had to take Stelazine and took it with Lexotan. about 2x 1/5 of 2mg de Stelazine and about less than 1/4 of Lexotan 3mg. By that time the noise of the CIGARRA was bothering me so much and images were about 2-3 cms at about 30cms from the lenses. It has been like this over the last week, even before Carnival. I was taking Stelazine occasionally. I will have it more steadily now. I was overworking as well. Even not going to the university I feel very badly of health and almost defeated.

As crianças precisam de mim e voltaram a passar as tardes comigo. A. as tem levado de noite para enviá-las ao colégio de sua casa. Eles sentem muita falta de mim e de meu carinho. E me é difícil negar isso ainda que me sentindo tão mal. Esta história de estourar o equilíbrio emocional 30-45 dias depois de um evento emocional significativo está me assustando. Continua a ser assim. E eu me sinto como se fosse submergir se as ondas continuarem a vir na mesma frequência. Eu não aguento isso a cada 30 dias. É só o o 40 mês sem cortisona. Da última vez que tentei parar, quando Ad. estava com 3 anos e nas férias de 1990, trabalhando, só aguentei de janeiro a Abril. Esta é a segunda vez que tento parar. Parei em 23-out-93. Se eu não for muito devagar, e com muito cuidado com a minha emoção, não vai dar.

> *de Darwin Muir e Peter Dowell atribuindo "tom de voz áspero" a determinados brinquedos. O que me interessa aqui é que tipo de liberação hormonal (ou seja lá o que for), tons de voz ásperos fazem? Eles parecem estar ligados ao medo. E isso é específico da espécie. Mesmo que o medo surja de expectâncias específicas daquele indivíduo em particular. Ainda assim, vozes ásperas e*

> outros sons específicos serão um meio de fazer surgir o medo e induzir liberações hormonais, das catecolaminas ou afins. Isto seria uma das coisas a procurar, se você quer ligar psicologia a fisiologia.
>
> Em vez de escrever no livro, acabei escrevendo para você. Eu fico pensando que você o fica apreciando, silenciosamente para não me mudar e tornar difícil para mim continuar a tentar me expressar. Se este é o caso, eu aprecio o cuidado. Eu realmente trabalho assim. O silêncio me faz bem. Eu terei que lidar com isso quando eu estiver em outro humor. Não agora. Preciso ler mais. Mas isso tem que vir mais tarde. É impossível para mim agora. Eu continuarei a narrar os fenômenos como eu os observei. Isto pode me ajudar de alguma maneira. E nestas horas eu já senti muitas vezes como se meus hemisférios foram bissectados há muito tempo e ninguém me falou. Eu me sinto lesionada de alguma forma, nunca tendo certeza se é o hemisfério esquerdo ou direito.
>
> Esqueci de dizer. Ontem eu tive que tomar Stelazine e tomei com Lexotan. Cerca de 2x 1/5 of 2mg de Stelazine e cerca de menos de 1/4 de 3mg. Na hora que o barulho da CIGARRA estava me incomodando muito e as imagens eram cerca de 2-3 cms a 30 cms do cristalino. Tem sido assim toda a semana passada, mesmo antes do Carnaval. Eu estava tomando Stelazine ocasionalmente. Eu o tomarei mais regularmente agora. Eu estava trabalhando demais também. Mesmo não indo a universidade me sinto muito mal de saúde e quase derrotada.

Vou parar por aqui mais uma vez. Meu e-mail mudou. É mlbslabvis@npd1.ufpe.br. Mas, por favor, não me mande nada por e-mail. Eu não vou aguentar. A minha fragilidade está alta.

Sinto muito se aos seus olhos sou onipotente,

O problema é que, aos meus olhos você é onipresente.

Maria Lúcia

CARTA 7

19-20/fev/94

Primeiro eu escrevi no fim do dia 19. Depois de ver e ouvir "Os Meninos Dançam".

Entendi que perdia meus filhos e fiquei ansiosa. Liguei para ti. Você não estava. Liguei para A., tentei explicar, não sei se entendeu. Não sei se entendi. Mas é assim que eu percebo coisas.

Deparei-me com Elegia (Pericles Cavalcanti – Augusto de Campos) e pensei mais uma vez que era você, porque vi London, London por trás dos seus olhos e de sua voz na conversa sobre A. C. Eu não posso sair do país assim. Não há o que fazer lá fora. Agora vocês já sabem o que vai na minha cabeça.

Trilhos urbanos mostram-me o que você já me disse tantas vezes. Seu trabalho era me traduzir e lembrou-me da garagem dos bondes do Humaitá [mas não lembro de guincharem exatamente assim].

Badauê me encantou. Vocês gostaram mesmo do meu trabalho? Será que vai dar certo?

Consegui resultados interessantes com Al..

Pena que Os Meninos Dançam e no Canto de Ossanha.

Meus meninos eu decidi que debaixo de ferro e fogo levo comigo para o Rio. Não abrirei mais mão disso.

A flutuação emocional que tenho que suportar por causa de A. está me matando.

Se eu entendi certo, Pode Deitar e Rolar (e Quaraquaquar) (sempre gostei dessa música).

Eu serei Chapéuzinho que desmaiô.

Você é café.

Não sei se aguento mais Verbos do Amor. "As palavras pesaram o ar".

Meus Sonhos não foram bem assim.

Você é Linda, Louco por Você, O Morro Não Tem Vez, Feio Não é Bonito, Romaria e

Não Identificado me fizeram sentir bem e feliz, pensando melhor acerca de mim mesma.

Não posso e não vou contar a história toda. Tem detalhes que me feriram muito mais. E não vão cicatrizar. A mentira. A dor e o fato de que ele não entendia que o aceitei sem reservas por muito tempo. Não aguentei mais ser Regra Três. Se ficar aqui continuarei Regra Três.

Não havia percebido antes este sentido em Cartomante. Inesperado!

Mantive A. como rei de Copas o quanto pude, mas eu sempre tive meus defeitos.

Você gostou do Remelexo?

Eu adoro Reconvexo!

A coragem de Caetano cantar "o preto americano forte de brinco de ouro na orelha" é a imagem da contradição e a ousadia de esfregar o preconceito. Concordo que afrontar é preciso. I., meu irmão, sempre o fez. E venceu seus desafios. Ele fez e gosta da Psicanálise e do I Ching.

Ontem à noite eu me perdi. Parei de acreditar que era você depois que A. retirou o retrato em "blue" que mandou fazer das crianças assim que disse que as levaria comigo para o Rio. Al. tinha em seus braços as iniciais de "U2".

Eu não vou tentar desfilar os nomes de músicas e de pessoas que me foram dados como "probing". Quem os programou e pronunciou sabe a que me refiro.

Isso me fez pensar que A. queria me mostrar que eu desistiria das crianças como ele, se encontrasse reciprocidade em você.

Não sei dizer. Sempre pensei que não. E não tanto por mim. Mas porque sinto as crianças "craving" por mim e por tudo aquilo que posso lhes oferecer.

Mas está difícil tentar ajudar a todos os que me cercam e continuamente sentir me faltar saúde e beirar a insanidade. Não consigo manter horários e é difícil me alimentar. Eu cuidei de A. como ele cuidou de mim em 1985 e 1986. Mas sempre em menos de 120 dias eu estava boa.

Continuo sem cortisona. Mas a asma me acorda entre 2:30 e 4:00 da manhã.

Hoje esbarrei com "Verso de Bolero". E o novo significado de Pedras que Cantam.

As músicas estão marcadas com assovios. Assim como os "lara, laras... e etc."

Aí eu me perdi.

Você me disse que é crente. É-me difícil aceitar a religião. Por medo eu me recuso. Pela admiração da ciência e dos fenômenos que vejo é possível. Pelo reconhecimento do que me foi dado ter e ver também. Mas isso é um processo lento.

Sei o que devo fazer profissionalmente.

Não suporto mais meu isolamento. Mas meus sentimentos se perderam em algum lugar que não foi você. Em algum lugar dentro de mim. E já há algum tempo. Isso lhe diz alguma coisa?

Aquele abraço, Lunik 9

Caminhando e cantando!!!

P.S. Prá não dizer que não falei de flores.

P.S.2 I thought I could make it with a little help from my friends.

I only have eyes for you porque você me percebeu quando eu estava muito mal em agosto-setembro de 1991. Você se importou comigo quando todos fugiam de mim.

I am getting ever more a little more blue.

Please tell me [once more] "Don't you know that I care?"

Someway, somehow. I need your encouragement.

I might get in too deep this time, with no coming back and I am afraid.

Não insista que eu vá a um psiquiatra. Por favor. Basta dizer: Coragem!

CARTA 8

Obrigada por me ajudar a ver que eu perderia meus filhos.

Eu vou precisar da ajuda dos amigos para sobreviver aí.

Só estou triste porque eu procurei e procuro seguir os padrões que coloquei prá mim mesma e me sinto ainda conseguindo mantê--los mesmo a um preço alto.

Gozação é difícil de se aguentar, mas se aguenta.

CARTA 9

Recife, 23 de janeiro de 1994

Caro X,

Aqui vai uma cópia do projeto que enviei e pedi a R. para encaminhar ao CNPq.

Tive que modificar levemente os meus planos [para meu desgosto] após já haver adquirido as passagens para viajar no dia 31/jan/94. No dia em que comprei as passagens e tendo que vender meu telefone para pagar minha mudança e dos equipamentos [cerca de US$4,000 que poderão baixar para cerca de US$2500 se eu limitar a 25 m3, sem contar o seguro e meu carro], A. veio com uma conversa demorada que levantava um mundéu de pontos. A mim só interessaram dois: [1] que o CNPq poderia não aprovar o meu pedido se eu já estivesse no Rio [eu achava que isto poderia ocorrer, mas pensei em *assumir o risco]; e [2] que eu não me apressasse em sair de Recife por causa do colégio das crianças; ele concordaria em que elas mudassem de colégio no meio do semestre letivo. Há 25 dias da data que eu me fixara para minha mudança, sob pressão financeira e de ter que continuar a interagir com o Departamento até abril, levei uns três dias para voltar ao estado fundamental e começar a consolidar a idéia de solicitar a bolsa do CNPq o mais imediatamente possível e preparar um projeto de pesquisa adequado.*

Gostei do projeto que fiz, acho que será interessante ver seus resultados. E espero também que agora, com aquela infinidade de premissas listadas [e mais as que ainda deixei na minha cabeça por enquanto] você possa, e queira, colocar objeções [por favor sem me dizer que não sabe direito de projeções visuais no córtex]. Eu vou adorar defender meus pontos de vista. Estou obviamente aceitando o convite de R. para apresentar um seminário.

O meu livro está andando. Parado por causa do projeto, só está andando na minha cabeça e anotações por enquanto. Tem cerca de 200 páginas 14x21cms. Estou expandindo uma parte que fala da Arte de Raul Seixas (que teve psicose com absoluta certeza!!! Não digo isso por saber de biografia, mas apenas por análise de textos de música e da presença especial de uma série de indícios e de certas frequências sonoras). Até agora falei pouco de Dali, que será a próxima parte a ser expandida (falta tirar as fotos dos vários quadros que quero organizar por evolução de fenômeno e tema). Tenho que organizar a parte de Kubric e incluir 2001 para o exemplo das frequências sonoras a que me refiro (em 2001 também estariam alusões a sintomas incipientes). Além disso, lembrei de circunstâncias de fenômenos que uniriam Edgar Alan Poe e Van Gogh. E mesmo sabendo de fatos da vida de Van Gogh amplamente divulgados e até ilustrados em seus quadros, eu o estava deixando de lado porque não via os indícios dos fenômenos perceptivos mais evidentes que eu procurava. Foi somente cerca de 6 semanas mais tarde em relação à identificação dos fenômenos em Dali, e após análise das várias evidências [em letra e em frequências sonoras] na Arte de Raul Seixas, que me ocorreu a óbvia alusão aos fenômenos da psicose, tanto em Van Gogh como em Poe. Um tema que une os dois é o corvo. Eu só queria ter uma gravação dos gritos do corvo! Mas acho que me lembro bem e incluem as frequên-

cias bem graves e assim como frequências dissonantes bem agudas que irão perturbar na incipiência da psicose. O considerado melhor conto de Poe é The Raven, que, também ao que eu me lembre, sempre canta nos momentos de opções das personagens como a comentar, com premonição, o mau agouro de suas decisões... Os quadros de Van Gogh são repletos de corvos. Mas o interessante acerca de Van Gogh, e que só me ocorreu passado mais de uma semana após estas observações sobre o corvo, foi qual a parte do corpo que Van Gogh escolheu e resolveu atacar, e cortar, senão o ouvido! Se ele pudesse arrancar o ouvido interno acho que o teria feito! A gente sempre pensa orelha e, aparentemente, não faz sentido. Ele deve ter cortado a orelha de seu melhor ouvido, ou daquele cujo processamento neural mais se ressentia. O ouvido direito, ou o córtex esquerdo? Seriam então as frequências sonoras na faixa de 7-8,5 kHz a que me refiro? Acho-as mais perturbadoras que as baixas nas condições de sintomatologia a que me refiro. Elas estão presentes em 2 músicas de Raul Seixas "citadas" em contexto e de forma particularmente adequada no que se refere à percepção que identifico como parte do fenômeno e que tento descrever. Estão no 2001 de Kubric associadas ao monólito. Dali faz a cama atacar o violoncelo, faz a fonte da morte jorrar de um piano nas frequências em torno de 600-1000Hz, joga a escala de 20-200Hz para dentro de uma caveira, mas também coroa Shirley Temple com um morcego, cercada de ossos e crânios.

Gogh não se contenta em colocar somente os corvos, o seu jeito de pintar alguns dos quadros como Caminho de Ciprestes [1890], não só apresenta um enorme sol [e lua] como está pintado de forma a sugerir a percepção de excessiva nitidez e brilho na imagem. Parece ser pintada como alguém que está ofuscado por tanta luz: daí os movimentos do pincel circulares em torno do sol e sucessivamente orientados em todas as direções onde provavelmente o brilho percebido seria o maior, e os homens são pintados quase como duas sombras. O outro sintoma a que me refiro no livro é o do aumento substancial de sensibilidade à intensidade luminosa.

O comentário lacônico de A. sobre uma amostragem que fez do manuscrito do livro foi: "Muita elucubração..." e "Você tem que tomar cuidado para não sair por aí chamando as pessoas de loucas..."

Vou gostar de ouvir sua opinião [e a de quem mais quiser ler o livro] porque eu não tenho a menor intenção de virar uma ficcionista científica nem um Erich von Daniken! [é assim que se escreve o nome do autor de "Eram os deuses astronautas?"].

... e eu veementemente desejo fugir de demasiada e pura especulação...

A ideia do livro é prover uma linha de argumentos baseados em alguns poucos fenômenos perceptuais e cognitivos que observei e que, eventualmente, poderiam atribuir graus de intensidade e severidade ao processo psicótico. Desculpe mudar para o inglês. Acontece que, às vezes é tão preciso, econômico e conciso no significado das palavras. Nós podemos não gostar, mas ciência costumava falar latim, agora fala inglês.

...And I so vehemently wish to shy away from rampant and sheer speculation...

The whole idea of the book is to seat the thread of argumentation in a handful of perceptual and cognitive phenomena I have observed, and that, eventually, could help in assigning degrees in intensity and severity of psychosis processes. Sorry about shifting to english. So happens that, sometimes, it is so precisely economical and concise in word meaning. We may not like, but science used to speak latin, now speaks english...

Por falar nisso, não é só possível ler o livro. É preciso ouvir e ver o que ele tem a dizer dos fenômenos. É preciso ouvir as músicas a que me refiro, ver os quadros dos quais vou falar e, se possível, verificar as citações das cenas dos filmes a que me refiro. Tirando os filmes, ocorreu-me tentar fazer um pacote com um CD de músicas selecionadas e um livreto com os quadros a que irei me referir. Descobri outro[a?] pintor[a?], do[a?] qual nada sei, Bev Doolittle. Você se sentiria pessoalmente afrontado se quando eu lhe enviasse uma cópia do boneco do livro, lhe desse também um CD da Arte de Raul Seixas para verificar nos tempos as frequências a que me refiro? Se for fita há que haver cronometragem e uma das menores sequências é de 4seg. Em duas outras músicas, anos mais tarde, se transformam em meros beeps de 1 seg.

Desculpe-me porque acabei escrevendo a carta toda no você ao invés do tu. Eu não vou mudar. Acho o tu elegante. Vai continuar elegante. E eu muito provavelmente vou ficar no você. Contenho-me aqui para não fazer mais comentários de história, tradição e classe social.

Como ainda tenho que tirar alguns xerox para encadernar os projetos do CNPq e colocar no correio, vou parando.

Se o CNPq cumprir com os seus prazos estabelecidos, estarei aí durante abril, mais tardar em maio. Gostaria de poder ir antes.

Escolhi o CNPq porque me será possível estender o prazo por até 24 meses, o dobro da CAPES. Além disso, poderia adicionar 6 meses de licença prêmio. E, se necessário, me afastar o segundo ano sem vencimentos caso a UFPE não renove o afastamento.

Em resumo, devo ter que esperar 90 dias a partir da data que o processo chegar ao CNPq.

Espero que esteja tudo bem por aí.

Por favor, diga que mando um abraço também ao seu escudeiro A. Se me permites brincar com o sentido figurativo que se passou na minha cabeça da última vez que estive na A.

Aqui vai uma cópia do projeto que enviei e pedi a R. para encaminhar.

CARTA 10

Recife, 22 de fevereiro de 1994

X,

Eu tinha decidido que não ia lhe escrever mais por uns tempos porque, apesar de me parecer ouvir suas respostas e seus incentivos através dos jornais e do rádio e da crescente compreensão e paciência de tentar entender o que quero transmitir de meus conhecimentos que encontro em A.L., minha mãe, meu pai, uma aluna de

M. e M., achei que você poderia estar se aborrecendo com isso. Mas não dá. Tem vários assuntos prá falar, científicos e não. Pelo menos para ficarem registrados. Acho que C. lhe falou que uma boa forma de me tirar dessa é me deixar bem danada questionando coisas em que acredito basicamente. Isso é o que vocês chamam de dialética? Não gosto do nome. Mas certamente por opor opostos foi reconhecida como tendo valor.

Neste sentido eu tinha anotado para escrever no livro que "O organismo parece entrar em distress quando ele tem que contar probabilidades negativas ou inverter o sinal de positiva para negativa e a inversão inversa parece ser menos "aversiva" ou estressante". Vou tentar reconstituir aqui o que penso que quis dizer e que teria a ver com esta "dialética".

A propósito, não tive vontade de começar a escrever por isso mas pela parte de frequência angular. Isto já é o primeiro "detour".

Eu já disse a mesma coisa de outras formas no livro, mas direi novamente aqui. Aparentemente, iniciar uma contagem de joint probabilities that might determine certain repertoire of possible outcomes [assim como se pode determinar---até por arquitetura molecular computacional---os produtos finais mais prováveis de determinada cadeia de síntese ou determinada cadeia de quebra de substâncias orgânicas] não se constitui em grande problema para o organismo. O problema começa quando se tem que inverter esta contagem de probabilidades que unem eventos dependentes e que o organismo já incorporou em sua "estrutura" e/ou sínteses/quebras habituais sempre que tais joint events são detectados. O sofrimento parece ser maior na inversão destas contagens ou na confirmação de ocorrência de um evento aversivo já esperado e predito. Aqui, as liberações sinápticas são sempre em excesso e levam tempo para serem metabolizadas. É neste sentido que lhe apresentarei um cronograma de eventos emocionais de importância [positiva ou negativa] desde dezembro de 1994. Eu tinha resolvido que só o fazia pessoalmente, mas depois de sua conversa de hoje e da indicação de um psiquiatra ortodoxo que não deve saber muito de farmacologia (pelas informações que obtive), achei que era demais prá mim e que eu lhe enviava mais um monte de papel, não importa se acha lixo ou não.

Os tópicos serão:

1. cronograma de eventos emocionais positivos ou negativos. [infelizmente não marquei quando comecei o Stelazine e as dosagens, mas são similares às que você já viu no livro].

2. de como aprendi a analisar dados e a decifrar enigmas com Poe

3. de como peguei e recortei todas as dicas de fotos que me servem para estudar frequência angular e as expressões de emoções dos exemplares da Folha nos dias 11, 13 e ontem, entre outros.

4. de que estou ciente da qualidade da demonstração do pós--efeito de frequências angulares e de sua importância

5. de como não vou aguentar publicidade e vou querer me isolar

6. de que o livro faz sérias contribuições à forma de encarar os tratamentos psiquiátricos e obrigará a séria mudança de currículo na formação dos psiquiatras no que diz respeito a uma ampla e profunda compreensão dos eventos hormonais no organismo e dos "timings" destes eventos que têm prazos de até 180 dias ou mais.

7. de que será possível divisar baterias de testes específicos para estabelecer os estágios de stress e psicoses e etc. e melhor decidir as dosagens das medicações.

8. não me esquecer de mencionar as "dores" nos córtices temporais. A região de Wernicke dolorida. Ontem à noite estava insuportável a "dor" nos córtices auditivos. Não aguentava mais ouvir falar, processar fala. Hoje está ok. Mas de manhã, quando lhe falei no telefone estava muito deprimida e zonza. Já tinha tomado um caquinho de Stelazine e fui deitar [~10:00 hs]. Recebi a visita de An. [a aluna que queremos enviar aos EUA] e, dessa vez, a demonstração dos acoplamentos dos filtros angulares deu certo para ela. Ela estava muito nervosa da outra vez e não havia entendido o que era para anotar.

Não vou divulgar nada acerca disso. Não vou entrar com trabalho na FESBE. Vou chegar aí e conversar com vocês para saber a melhor forma de como e quando divulgar. Por enquanto, exceto pela minha, está em suas mãos.

A menos que você me dê outra sugestão.

Podemos colocá-lo no Brazilian J, ou na Pontificia Acad. Sci., ou na Pontificiae Academiae Scientiarum Acripta Varia.

Você não viu como são lindos os filtros que nos unem aos macacos.

Quer fazer um experimento e ver como você percebeu mamã nos seus dois primeiros meses de vida?

Primeiro tome um banho bem quente, demorado e gostoso para embaçar bem o espelho. Quando tiver acabado e o espelho bem embaçado, sem enxugá-lo, veja-se nele. As regiões dos olhos serão vistas como duas regiões circulares escuras. Em seguida, abra a boca e, sem qualquer som, faça devagar os movimentos que você faria se fosse dizer a um bebê "mamã". Veja o que acontece. Depois, sorria... primeiro sem mostrar os dentes, depois mostrando os dentes...

De presente, com um beijo prá ti.

Do macaco eu falo depois.

Você entende que eu não vou aguentar publicidade, muita gente e muito elogio? Proteja-me disso, por favor. Pense meios de me isolar disso.

1. Cronologia dos eventos emocionais

É um trabalho chato mas vou ilustrar meu ponto mostrando os números de processos abertos. Acho que vou fazer no Excel porque é mais fácil.

2. De como aprendi a analisar dados e a decifrar enigmas com Poe

Deve ter sido por volta dos 13 ou 14 anos que uma colega do Sion, C., emprestou-me um livro de Contos de Edgar Alan Poe. Não sei porque não o devolvi porque ainda o tenho em algum lugar desta casa. Era uma tradução em português.

Dois contos me interessaram: um que tinha uma carta cifrada para levar a um tesouro e o outro que era o relato de um estupro e assassinato ocorrido na vida real em que Poe decide comprar todos os jornais da época analisando em seguida os fatos e formando, gradativamente, sua hipótese acerca do desenrolar dos eventos naquela noite.

Na parte da mensagem cifrada não resisti e, com um dicionário de inglês, comecei a decifrar seu código com um mínimo de dicas. A chave era a frequência das vogais da língua, no caso a inglesa. Em menos de uma tarde quebrei todo o código.

Na narrativa do "Mistério de Maria Goretti" aprendi a observar os detalhes e as contradições. Vi também os vários filmes sobre Poe P&B apresentados na TV na época. E aprendi a desprezar os filmes em que eu já sabia o "outcome" nos primeiros 20 a 30 minutos. Por exemplo, é indispensável que o "mau elemento", se for suspense, seja desconhecido ator. Ou então se faz um elenco com muito ator equiparado em qualidade para se deslocalizar o mais provável suspeito. Via de regra, os clichês recaem naqueles "acima de qualquer suspeita" e que se comportam como se fossem amigos. Mas isso tudo é só prá dizer que, quebrar o código dos resultados de H&W era uma questão de honra e vida ou morte para mim. Podia ter quebrado antes porque comecei a fazê-lo em 1991, depois da FESBE e da ida aquele seu simpósio [e de R.]. Mas tive que parar por causa de A.. As primeiras anotações estão datadas em livro ATA.

3. de como peguei e recortei todas as dicas de fotos que me servem para estudar frequência angular e as expressões de emoções dos exemplares da Folha nos dias 11, 13 e ontem, entre outros.

Seguem alguns xerox das mesmas.

4. de que estou ciente da qualidade da demonstração do pós-efeito de frequências angulares e de sua importância e sei que não vou aguentar publicidade e preferir me isolar

Você já pensou que em 1980, quando comecei a proposta para tese de bacharelado, eu queria PROVAR que o sistema visual fazia uma análise de Fourier da imagem que caía na retina? Eu *não sabia nada de filtros e A. me ajudou com equações e explicações, mas nunca entendeu meus métodos psicofísicos. Dodwell me ajudou indicando-me a um professor de engenharia elétrica que me falou de filtros e citou, por exemplo, filtros triangulares do tipo que mais tarde encontrei para 9, 13 e 16 ciclos. Mas não sabiam[?] ajudar muito além disso. De fato, mais tarde, pareceu-me que não sabiam. Pode ser que Dodwell tenha deduzido e mesmo assim deixado a idéia para mim já que havia sido de A. e minha em primeiro lugar. Eu não sei. Naquela época, só se trabalhava com gratings e a idéia de coordenadas polares começou a surgir porque A. começou a trabalhar com harmônicos esféricos de Bessel para definir, descrever e/ou interpolar orbitais moleculares. A ideia fazia sentido e encontrei referências a Kelly, 1960, JOSA, [sempre quis publicar no JOSA] para estímulos visuais com as modulações de contraste por Bessel J_0. Ninguém ligou pra isso porque os resultados de H&W falavam de "retas" onde todos procuraram "círculos". E agora era aquela procissão daqueles buscando retas, quinas e bordas. Felizmente, para mim, ninguém prestou atenção ou entendeu meu artigo sobre frequências angulares e Dodwell [possivelmente, de propósito, não apresentou ambos os lados da equação, e eu não pedi errata].*

O fato é que me parece que eu aprendi a fazer uma coisa que poucos fazem: transpor conceitos de análise de Fourier do tempo para o espaço e vice-versa. Essa transposição não é fácil fazer e Helmholtz não conseguiu e até reclamou. Segundo uma resenha de Fergus Campbell, Helmholtz teria dito que a visão não teria a mesma harmonia que a audição porque só viu as cores e não pode imaginar de outra forma. Essa transposição deve ter sido difícil porque de cerca de 1852 a 1922 não existiram trabalhos na literatura aplicando análise de Fourier à visão. Um sujeito chamado Ives faz as primeiras aplicações utilizando hélices de ventiladores cortadas em diferentes formas para estudar a intermitência da luz em forma de brilho homogêneo que poderia variar no tempo segundo as interrupções dadas pelos recortes específicos das hélices. Um recorte é para a onda senoidal. Isto deve ter sido na época dos primeiros cinemas. Mas foi só após a guerra que Duffiex sugere a utilização dos conceitos para a variação de luminâncias no espaço. O livro de Duffieux não tem uma única definição do que seria frequência espacial, exceto equações que levariam a esta aplicação. Esta foi também a época do surgimento da televisão que aplicou imediatamente o conceito, também utilizado para verificação das qualidades de lentes. O uso definido, então, foi em linhas por milímetros. Só mais tarde o conceito aplicado à visão foi gradualmente modificado para ciclos por ângulo visual. Não localizei qual foi o trabalho que introduziu esta nova definição, mas acredito que tenha sido introduzida por Campbell.

Em 1960, Kelly sugere o estímulo circular, mas, diante dos experimentos de H&W o impacto é pouco ou nenhum. Até hoje está a maioria dos trabalhos orbitando em torno destes resultados e compartimentando o cérebro mais do que se devia. Neste caso, as discussões com Merlin Donald foram essenciais para formar uma idéia ampla e antropológica da percepção e do processamento humano. O curso de Psicologia Fisiológica também foi fundamental. Assim como o de Aprendizado, Estatística, Percepção, Desenvolvimento e os de Química na PUC/RJ.

E agora eu cheguei aí. E há tanto por fazer. E eu estou pifando mas, você está certo, já estou equilibrando e entendendo a supressão da supra-renal versos cafeína. Vou ver como equilibrar. Falo disso adiante. Adorei o "... down the depths..." An englishman you, hein! Ever saw Roger Moore as the American spy and Tony Curtis as the British one? Roger Moore had to play as if being an Englishman and afterwards says to Tony Curtis: "It's so easy, you just have to stand on your feet as if you had swallowed an umbrella and then talk as if you had your mouth full, with a whole hot potato in it!!!

"... em profundidade..." Um inglês você, hein! Alguma vez viu Roger Moore como um espião americano e Tony Curtis como o britânico? Roger Moore tinha que atuar como sendo um inglês a depois diz para Tony Curtis: "É fácil, você deve ficar sobre seus pés como se você tivesse engolido um guarda-chuva e aí falar como se tivesse sua boca cheia, com uma batata quente inteira na sua boca!!!

6. Também estou ciente de que o livro faz sérias contribuições à forma de encarar os tratamentos psiquiátricos e obrigará a séria mudança de currículo na formação dos psiquiatras

no que diz respeito à uma ampla e profunda compreensão dos eventos hormonais no organismo e dos "timings" destes eventos que têm prazos de até 180 dias ou mais.

Mas estou preocupada porque há que modificar muitas coisas e muito trabalho pela frente. Vou precisar de ajuda. Muita ajuda.

7. Tenho certeza de que será possível divisar baterias de testes específicos para estabelecer os estágios de stress e psicoses e etc. e melhor decidir as dosagens das medicações.

Precisa pegar gente boa em neurofarmacologia "in vitro" e usar estimulações auditivas e de luz para células. Identificar cadeias de hormônios e os estágios de quebras das cadeias. Assim como para as séries brancas ou vermelhas do sangue, por exemplo.

8. Não devo me esquecer de mencionar as "dores" nos córtices temporais e inferotemporais. A região de Wernicke dolorida. Ontem à noite estava insuportável a "dor" nos córtices auditivos. Não aguentava mais ouvir falar, processar fala. Hoje está ok. Mas de noite [~18 hs] se repetiu e ficou insuportável quando a frequência alta no "Close to you" me fez desligar o rádio [era isso que você queria?]. Mas de manhã, quando lhe falei no telefone estava muito deprimida e zonza. Já tinha tomado um caquinho de Stelazine e fui deitar [~10:00 hs]. Recebi a visita de An. [a aluna que queremos enviar aos EUA] e, dessa vez, a demonstração dos acoplamentos dos filtros angulares deu certo para ela. Ela estava muito nervosa da outra vez e não havia entendido o que era para anotar.

À propósito, adorei as duas versões de "Close to you" ... the boys want to be close to me and the girls want to be close to you?!!!...

Vou parar por aqui porque não estou aguentando mais de cansaço.

Essa carta escrevi num dia, e no dia seguinte, e enviei na ordem inversa:

CARTA 11

Recife, 25 de fevereiro de 1994

Querido X,

Eu não posso lhe dar o que me parecem presentes seus. Frases e músicas escolhidas na JB, os parabéns por um ano [você também sabe que aquele dia foi importante mim!!! eu não sabia se tinha sido importante prá você], a entrevista com o Pitanguy, as cenas da novela [meus sensores estão muito mais tuned now, mais o low-pass ficou bom], e se você ainda é casado dê um abraço em sua mulher por mim!

Eu só posso lhe enviar aquilo que documenta minha loucura, minhas observações, hipóteses, premissas, e pensamentos sobre estes assuntos e sobre frequência espacial.

Por agora, você já deve ter noção do que chamo de contador de probabilidade de ocorrência de eventos dependentes. Ele pode disparar aleatoriamente, ou intencionalmente por Alguém que sabe muito mais que a gente porque o projeto é seu. Agora eu admiro o seu projeto ainda mais. E Ele conseguiu isso através de você. Eu te amo e você parece me dizer no rádio para não perder esta esperança que eu não quis, mas não pude deixar de alimentar. E você ou/e Ele não me estão deixando não alimentá-la.

Você está certo que o momento é de silêncio. É falar de forma discreta. Eu te amo de forma discreta para os outros e indiscreta para você. Mas se você gosta de alguma forma de mim, você vai me perdoar por isso se eu estou me excedendo. Meu amor por você é incondicional. Eu não vou te amar menos, te respeitar menos ou te desejar menos se você gostar e estiver morando e vivendo com sua mulher porque a ama. E você não vai dividir seu amor comigo. Eu não aceitaria isso. Eu não aceitaria que você a deixasse por minha causa. Ela está em primeiro lugar.

Se estiver com Ivo Pitanguy, dê um abraço nele por mim. Diga que tive dois filhos e os amamentei. Amamentei Al. até 14 meses e Ad. por 3 meses por que tive que tomar Stelazine. Ele me operou os seios aos dezoito anos e tornou isso viável. Ele me deu um presente especial e eu lhe ofereci o que eu sabia fazer.

Aqui vai o que comecei a escrever ontem.

P.S. Entre os dias 14 e 24 passei pelo pior. E quando se volta deste processo, existe um período de grande perigo quando as CAs começam a subir. Achei que meu cansaço excessivo era o caquinho que estava tomando de Lexotan [1/3 de 3mg] e decidi só tomar o Stelazine às 15:00hs [24-fev]. Entre 16:00-19:00hs comecei a passar muito mal. O pior foi por volta de 19:00-20:00. Nesta hora, decidi que ouvia Raul Seixas porque ele tem músicas com muita emoção e várias emoções, elas já me ajudaram antes. Escolhi as músicas "A Hora do Trem Passar", "O Homem" e "Gita". Quando "A Hora do Trem Passar" começou com as frequências sonoras a que me referi em particular, ouvi e parecia tudo bem. Mas quando chegou a segunda série de frequências do final da música, minha reação foi idêntica à de P., filha de G., cuja descrição está no início do livro-to-be. É difícil descrever mas vou tentar. Senti uma multiplicação veloz da intensidade do que chamo emoção das CAs e uma convergência muito rápida de todas as extremidades para o coração que começou a dar pulos, penso que três. Dei pause e vi, mais uma vez, meu limiar. Depois disso M. ligou, e então minha mãe, e falei também com meu pai. Meu pai disse que fosse menos ferina em alguns trechos do livro e pedi que os apontasse e sugerisse omissões, correções e reestruturação. Nestas condições, as duas músicas pós-psicose, "Gita"--depois da 1.ª, e "O Homem"--depois da 2ª, foram de extremo alento. Talvez possam servir no tratamento de ansiedade neste estágio tão próximo à sanidade, mas tão aterrorizador.

O que escrevi abaixo foi escrito de manhã, quando não conseguia fazer mais nada, deitei até as 9:00, tomei um café e comecei a escrever umas idéias sobre audição que não sei se dão certo.

O sol está brilhante demais no entardecer, não posso vê-lo como antes, meus filtros parecem muito abertos. Não estou vendo muitas faces espontâneas, exceto de cerca de 1,5-2,5 cms. Calculo que estarei bem até 14-mar-94, se o curso for igual ao de nov-93. Costuma se reproduzir.

No dia 17 fez ~9 meses [com base em 28 dias] da retirada do 1,5 ovário, cerca de uma semana depois me ocorreu o episódio que me desvinculou emocionalmente de Al: O que seria por volta do dia 24. Coincidências de Programa-dor?

CARTA 12

Recife, 24 de fevereiro de 1994.

X,

Não estou bem. Estou muito cansada e no máximo da plasticidade como a concebo, porque minha musculatura está fraca, pouca tonicidade, e não parece ter a ver com alimentação e com sono. Tenho dormido bem e me alimentado o suficiente. Pego pouco sol e isso poderia ser um problema. Mas ainda acho que não precisa ser por aí. Ainda que reconheça que a falta do sol possa ser um problema.

Estou colocando isso aqui só para sua informação. Acredito que o processo de paixão propriamente dito difere da psicose em alguns detalhes. Na psicose é preciso se livrar dos absurdos. No caso da paixão parte dos absurdos são sonhos que parecem muito mais palpáveis [ou atingíveis] e acho que isso dificulta o controle que se possa manter sobre o processo, mesmo estando ciente de sua existência.

De qualquer forma, estou há 120 dias da saída da cortisona, ~23/out/93. Minha psicose saiu de controle em novembro entre 16 e 23/nov, voltando os filtros a estarem razoáveis entre 14 e 18 de dezembro. Em 16/12/93 obtive a aprovação de minha saída no pleno. Em 14/jan/94 decido pela bolsa do CNPq. A. diz que viaja com os meninos no dia 14 e só os busca no dia 15/jan/94 depois do meio dia. G. telefona no dia 20/jan/94 para perguntar como estou e o que resolvi. G. nunca me telefona. Vejo você me perguntando, através de G., o que decidi. E quando lhe envio todo o material, vejo a visita de G. mais uma vez como sua sugestão. Faz-me bem e faz-me mal, porque não saber diretamente o quanto você se importa e gosta de mim, mas ver a evidência disto me deixa alimentar esperanças que eu lutei tanto para não alimentar. Em fevereiro, como você não manda notícias, e porque Al. sintonizou a Rádio Jornal do Brazil [que eu gosto de ouvir quando estou dirigindo] na hora de dormir, resolvo começar a ouvir a JB e começo a imaginar respostas suas dentre as letras de músicas que me lembram de você e isso faz o processo andar e acelerar. Depois de ouvir vários "mismatches" e tentar absorvê-los como mensagens cifradas, o "mismatch" de Carmem e da Dança do Fogo é demais pra mim. Já não estando bem, pareceu-me gozação demais e vinda de você. E como eu estava o tempo todo me controlando para não lhe telefonar, achei que finalmente você tinha conseguido que eu lhe telefonasse. Atribuir-lhe o controle do processo não só é paranóico como é prudente de minha parte. O indivíduo em psicose está de fato sob o controle do ambiente e se percebe como estando sob o controle do ambiente. Se a sua percepção de quem o controla é a de alguém que lhe quer mal, isto pode significar sua morte. Por outro lado, se a sua percepção de quem controla o processo é de quem lhe quer bem, suas chances são melhores. E misturar psicose e paixão no mesmo processo, faz com que os dois processos o apontem como quem os controla. Queira ou não, você, X, os controla. E eu me controlo aqui para parecer a todos que consigo me tratar sem busca de psiquiatras que me parecem incompetentes em suas premissas adotadas, e para tentar não lhe envergonhar. Mas, resolvi que lhe mandava todo o lixo que produzisse durante este período, junto com o que é bom, para que pelo menos, você tenha um caso bem, documentado em suas mãos. Até fotografia pedi para me tirarem no dia 21/fev/94 para ver como estava o meu olho.

Tenho dois pareceres do CNPq e um da Teoria e Pesquisa que já sei o que dizer mas não consigo querer parar para escrevê-los, e a única coisa que me aproxima do computador ou são minhas idéias ou é querer lhe escrever. Estou fazendo assim. Não me sinto bem e com forças para começar a encarar o capítulo de Dali. Tenho que tirar várias fotos. Já comprei os filmes, mas isso significará tempo e dinheiro e exigirá de mim muita organização. Organização que no momento não tenho para esbanjar.

E a razão de eu me sentar aqui para lhe escrever, não é esta. Escrevi estas coisas apenas para lhe documentar meu estado e minha interpretação do que se passa comigo. A minha citação de datas é para lhe dizer que, se se chutar periodicamente--e em sintonia e sincronia--o sistema emocional, ele sai dos eixos assim como um pêndulo. Eu saí há 90 dias atrás e, como esta sintonia toda ocorreu, eu saí novamente.

Aqui vai a razão de lhe escrever. É-me impossível falar de frequências angulares na visão e não me ocorrer que, possivelmente o mesmo está ocorrendo na audição. Mesmo sendo um campo do qual entendo menos, busquei todas as ilustrações que tenho do sistema auditivo e resolvi trazer aqui uma série de hipóteses relacionadas àquelas que fiz para visão.

Como primeira observação, sempre me pareceu tão óbvio que as células ciliares internas e externas estavam fazendo amostragem do fundamental e do terceiro harmônico pelo simples fato de sua organização anatômica ser baseada em um grupo de 1 e um grupo de 3.

O que começa a me ocorrer é que a mesma equação que serve para visão pode servir para audição. E, Helmholtz teria razão nisso, o ouvido parece anatomicamente melhor preparado para extrair diretamente a separação das frequências.

É difícil saber por onde começar. Mas vou começar pela forma do tímpano e da função J_O Bessel. São semelhantes e, como o tímpano está preso por suas bordas, comporta-se produzindo necessariamente intensidades em sua superfície que podem ser bem descritas em termos de frequência por funções J_O. O ouvido médio faz uma conversão destas intensidades que acarretará em uma multiplicação das intensidades na região central em torno do máximo da função J_O, assim como faz uma conversão de frequências concentrando os múltiplos de J_O que compõem a onda sonora [seus máximos e mínimos, e número de ciclos] e que se configuraram em um raio maior [do tímpano] em uma configuração de raio menor [da janela oval]. Acarretando uma homotetia que multiplica a intensidade no centro e converte o valor dos múltiplos J_O para valores harmônicos de frequência **x** vezes mais altas. Isso feito, o estímulo está entrando no ouvido interno na forma de um somatório de funções esféricas de Bessel cujos máximos parecem-me, irão passar justamente onde já está estrategicamente colocado o órgão de Corti. Acho que não seria um exagero pensar que o Órgão de Corti está fazendo uma amostragem ao longo do raio destas funções esféricas de Bessel que, como uma onda móvel irá percorrer a cóclea. Helmholtz e Békèsy falaram de seu envelope e não viram as funções de Bessel ali [ou podem até ter visto]. Mas não lhes era possível pensar exatamente assim porque a equação de Sneddon a que me refiro é de 1951. O prêmio Nobel de Békèsy é de 1961. Ele provavelmente não viu a equação da transformada de Fourier bidimensional em coordenadas polares e só pensou em cartesiano. Entretanto, como o ouvido está tão obviamente fazendo a decomposição em frequência no tempo, foi possível evoluir nesta direção, mesmo sem compreender exatamente a lógica do mecanismo de transdução. Se o máximo da função Bessel passar pelo ponto que liga a membrana tectorial à parte próxima àquela que sustenta a inner hair cell (células ciliadas internas), a colocação da inner hair cell dará o tamanho do fundamental e as outer hair cells (células ciliadas externas) detectarão seus 3os harmônicos para aquele determinado tamanho de raio = fundamental. Neste sentido, a variação no tamanho da membrana basilar ao longo da cóclea estaria, como já se sabe, fazendo uma amostragem dos diferentes raios presentes na onda sonora que a percorre. E neste caso seria necessário um número maior de amostras para frequências altas do que para frequências baixas, daí a inversão da largura da membrana basilar, começando a amostragem pelas frequências mais altas e terminando pelas frequências mais baixas. Além disso, a fidedignidade da onda para frequências muito altas seria maior na entrada do ouvido interno, enquanto as frequências mais baixas, ainda que possam sofrer por falta de amostragem, não perderiam tanto se fossem processadas ao final da cóclea.

Agora, porque fazer amostragem do terceiro harmônico em cada parcela transversal da membrana basilar? Se o terceiro harmônico da frequência já estará sendo extraído quando a largura for três vezes maior ou menor? E o processo ocorre igualmente para os dois ouvidos!!! O espaço em que se está fazendo a amostragem é *tridimensional. O tímpano em forma de funil. A janela oval eu não pude saber pelos desenhos. Vou supor que também seja um funil. Quer dizer que a onda sonora a percorrer a cóclea será em forma de funil e irá e voltará.*

Note-se que se a onda vai e volta, isto poderia ser utilizado para autoverificação na volta, quanto à ativação na ida. Depois que pensei nisto, pensei em deixar prá tratar depois mas aí olhei as disposições das formas ciliares e decidi atacar logo este problema com minhas suposições. Veja as imagens da página 263. A própria disposição das células ciliares parece demonstrar que esta autoverificação é um fato. As inner hair cells são dispostas como Us e as outer hair cells dispostas como Vs. Os cílios dos "primeiros braços" [da esquerda] dos Us e Vs seriam ativados na ida da onda e os dos "segundos braços" [da direita] poderiam ser ativados na volta: sua ativação na volta significando a presença de determinada frequência e o disparo da célula. Neste caso, o ouvido também estaria programado para fazer uma contagem do tempo de ida e volta da onda e uma checagem contra a informação do outro ouvido.

Percebo que faz-se absolutamente necessário que a estimulação da volta anule a estimulação da ida porque senão não se saberá se este é um estímulo já processado ou a ser processado. [E isto talvez possa também explicar a sensação de tontura ou confusão com envelopes que simulem espirais de intensidade e frequências similares àquelas para a qual o ouvido parece estar preferencialmente pré-programado para perceber???].

Agora, não acredito que as outer hair cells estejam fazendo uma amostragem do terceiro harmônico das frequências sonoras que iremos perceber como tone sensation, ou pitch, mas sim como spatial pitch location, ou sua localização no espaço. A ativação na ida e na volta situa no espaço a origem do som da mesma forma que um sonar. Este deve ser o mecanismo utilizado unilateralmente por cada ouvido para localização no espaço e que é pitch dependent.

Parei para almoçar e pensar:

*Este último parágrafo está errado. **Não, não está errado.** Não faz sentido ser assim. **Faz sim.** A razão para eu começar a pensar em audição ocorreu quando verifiquei que possivelmente a parte angular feita pela visão deve também estar sendo feita pela audição em termos de parcelamentos da informação auditiva no espaço. Isto seria possível e plausível principalmente porque depois seria fácil cross-correlacionar as informações visuais e auditivas. Se as visuais são amostragens do espaço frontal em cortes horizontais e verticais e os quadrantes com mais de uma amostragem, as auditivas poderiam fazer o mesmo e cobrir 360 graus, também partindo a informação nos eixos verticais [pinnae] e horizontais [membrana basilar] e fazer mais de uma amostragem por quadrante. A ida e a volta da onda sonora como sampled pelo órgão de Corti pode se referir às amostragens nos eixos horizontais escolhendo arbitrariamente frequência alta acima e frequência baixa abaixo. De um modo geral, organismos pequenos emitindo sons agudos voam e estão situados acima e organismos grandes que emitem ou produzem no ambiente sons mais graves estão abaixo. Isto seria especialmente verdade se o macaco já habitou árvores.*

A amostra dos hemisférios verticais é feita através da pinnae e de sua anulação por simetria oposta em um e outro ouvido.

CARTA 13

25-fev-94

E assim também a onda sonora em forma de funil, ela seguirá em direção ao cérebro de ambos os lados e em direções opostas.

Daí devem sair as transformadas de Fourier que escrevem nossa memória.

Vou parar por aqui por enquanto porque quero lhe enviar esta hoje e, são 8:00 da manhã, tenho acordado às 5:30 para que as crianças acordem para o colégio. Estou cansada. Fiquei até tarde por causa da entrevista.

Um abraço bem apertado e um beijo prá ti,

P.S. Este é um P.S. devido há muito tempo. Desde que extraí os ovários, sinto o "diálogo" ovário direito, ovário esquerdo, suprarrenal direita, suprarrenal esquerda, pituitária. O diálogo provoca leve dor ou ardência à medida que os mensageiros chegam. As alternâncias dos locais das ardências ou da leve dor é que ilustram o diálogo. Este diálogo existiu nos dias 15-17/fev e no 23-24/fev a região do ovário esquerdo [todo retirado] ardeu quase o dia todo. Hoje acordei com dor na suprarrenal direita. Meus seios têm estado doloridos ultimamente. Quem foi que disse que hormônios não tem a ver com loucura?

CARTA 14

Foi no dia 24/fev, por volta das 18:30-20:00hs, que não pude continuar a terminar de ouvir a segunda sequência de frequência sonoras d'A Hora do Trem Passar. E depois ocorreu-me que a melhor descrição do fenômeno foi a sensação de levar um eletrochoque que fazia convergir uma onda interna de enormes proporções no sentido extremidades dos braços e das pernas para o coração à medida que as frequências começavam a subir. Senti a sensação mais forte nos braços, e o coração deu saltos de amplitude muito alta e frequência relativamente baixa. Parei a sensação com a interrupção da música. Minha sensação era de que se tivesse continuado eu morreria do coração ali. (Obs: fiz cardiograma e eco cardiograma recentemente para a minha cirurgia em jun/94 e não tenho problemas de coração. Não sei do meu colesterol. Nunca me interessei em saber. Acho que não deve ter problema). O interessante é que dei um pulo e levantei-me da cadeira tão idêntica e subitamente quanto P. . Entretanto, P. o fez com a versão fortemente simplificada de O Homem. Entre os dias 24-27/fev a tendência ao sentimento de destruição e de que tanto faz a vida como a morte, do passado eu me esqueci, no presente eu me perdi e se chamarem digam que eu saí, esteve fortemente presente.

CARTA 15

Quando pareceu-me começar a se dissipar, foi coincidentemente a época em que minha irmã A.L. quis fazer algo a respeito e sugeriu uma visita de meus pais (eles não vinham aqui há mais de 7 anos). Isto acelerou e me ajudou a decidir ir-me ao Rio sem esperar pela decisão do CNPq. Estou tentado sair daqui até 15 de março como lhe disse.

CARTA 16

Ontem fiz a besteira de achar que podia levar meus pais ao Shopping Centre e foi um grande erro de minha parte. Tomei um banho de luzes e tive o que vou passar a chamar de "sensação de atividade muito concentrada" em determinadas regiões do córtex (vou deixar convulsão para contextos mais bem definidos). As sensações concentraram-se novamente nas áreas temporais. A temporal esquerda muito mais fortemente do que a direita. E, por alguma razão que não entendi, parecia ter muito a ver com a estimulação visual colorida e intensa. Também tive a impressão (que eu gostaria de conseguir medir) de que azuis, lilás, roxo, magentas, salmão, âmbar, etc, pareciam-me "unusually brigth". After perceiving that, looking at a wider yellow area caused me a bad sensation and worsening of the activity sensation at the fronto-temporal lobes, it could be the beginning of a convulsion but I can have some control over it by changing my eyes fixation points. I did not wait for long, I took Stelazine at the site, 0.5 mg, and the activity sensation continued for long. All this time, the worse sensation was mainly on the left temporal and sensory cortex region, or both left and right, and only later more heavily on lower right temporal.

I am intrigued by the fact that it appears to me that the lower blue-violet end of the spectrum is quite enhanced among the midst of a whole set of colours. They are very bright and calling attention in a sort of fluorescent way, just as those yellow-green fluorescent ones. I stopped by a show-window that only had those colours azuis, lilás, âmbar, etc., and realizing it is a setting for night vision. Could this be a long-term sort of adaptation effect just because I have been spending most of my days inside my home? Not much in the sun, not looking at the sun enough, not catching sun? Also because of looking at the Windows-vga screen in light gray and a somewhat dark surround? It calls me attention that people call that state "blue". It might be not merely a figure of expression, you know? Perhaps I will be able to measure it latter on. It occurred to me that it probably reflects lowering red-green mid-range sensitivity relative to low blue--red end which could mean a blue-red enhancement.

"com brilho fora do comum". Após perceber isto, olhando uma grande área amarela me causou uma sensação ruim e piorou a sensação nos lobos fronto-temporais, poderia ser o início de uma convulsão, mas eu tenho controle sobre isto mudando a fixação dos olhos. Eu não esperei muito, tomei Stelazine na hora, 0.5 mg, e a sensação de atividade continuou por um longo tempo. Todo o tempo, a pior sensação era no temporal esquerdo e cortex sensorial, esquerdo e direito, e somente mais tarde, mais forte, no temporal direito inferior.

Estou intrigada com o fato de que a parte azul-violeta do espectro está muito enaltecida no meio de um monte de cores. Elas são muito brilhantes e chamam a atenção como se fossem um tipo de fluorescência, como o amarelo-verde fluorescente. Eu parei numa vitrine que só tinha estas cores azuis, lilás, âmbar, etc. e me dei conta que era para visão noturna. Poderia ser um efeito de adaptação de longo termo apenas porque eu tenho muitos dias dentro de casa? Sem muito sol, não olhando o sol o suficiente, não pegando sol? Ou por que estou olhando demasiado para a tela do Windows vga em cinza claro e periferia escura? Chama minha atenção que as pessoas chamam este estado de "blue" ("azul"). Pode ser que não seja só uma figura de expressão, sabe? Talvez eu possa medi-lo mais tarde. Ocorreu a mim que provavelmente reflete uma baixa no sistema verde-vermelho de sensibilidade no meio do espectro relativo a um azul-vermelho na extremidade do espectro, que poderia significar um enaltecimento do azul-vermelho.

Foi um suplício sair. Verificar minha dependência de outros neste estado. Eu me sinto idosa com 41 anos. Até meus pais, muito mais velhos que eu, podem tomar conta de mim. Como pode ser isso? ... Quer dizer que eu aguento o tempo todo briga do mestrado contra mim, paixão de A., criança e colégio de criança... Eu estou cansada. Não sei de onde vou tirar forças para fazer a mudança.

Esqueci de dizer que agora dá para entender vários dos quadros de Dali onde ele estende alguma parte da cabeça ou do corpo para ser apoiada por algo. Alguns dos quadros representam as mesmas áreas às quais estou me referindo. Depois os apontarei [aos quadros]. Comprei um livro de pinturas de Dali igual ao que eu tenho para lhe dar. Não compre. E você poderá acompanhar o que direi no capítulo sobre Dali. Ainda não sei tudo o que vou dizer porque continuo a descobrir coisas. E até agora tenho feito questão de não ler seu conteúdo para não interferir com minhas observações.

CARTA 17

Ontem passei o dia empacotando coisas e meus pais também. Hoje me tiraram a JB do ar. Eu já tinha empacotado quase todos os CDs que levo comigo no avião. Desembalei os mais fáceis e estou ouvindo Satchmo de Louis Armstrong. Sempre gostei de sua voz e músicas cantadas com orquestra de jazz e blues. Tem uma que eu escolhi para cantar para A. que não consigo em CD. Chama-se "So long dear". Tenho-a em um K-7 de demonstração da Phillips quando lançou seu primeiro gravador portátil. É muito boa. It's a joyfull, jolly, short little song ... que diz qualquer coisa assim: "When you come smiling and waving... so long dear! I don't wanna see you anymore... But when you discover that your life is dreary... Don't you com' on knocking on my door!!! ...'cause I will say so long singing you that song that says so long ...to say: So long!!! So long, dear!!! ...'n' should have said so long , so long ago!!!".

Got the spirit??!!

Não sei se é por tudo que ando ouvindo e juntando na JB, se é imaginação minha, se é psicose, ou se é fato. Mas achei que depois de tanta enxurrada de carta, ficar uma semana inteira sem receber nada ia ser demais... até o próximo domingo. Posso estar exagerando a minha percepção...

De qualquer forma, ainda que tenha outras observações científicas a fazer, resolvi que mando em dois pacotes e dias diferentes, algumas de minhas estorinhas e ilustrações que fiz para a revista do Colégio São Vicente que minha mãe editava. A maioria dos desenhos que fiz estão assinados (poucos não). As estórias são invenção minha ou dizem da onde tirei a idéia. A minha trilogia da aldeia misturava "aldeia global" com uma visita que fizemos com toda a turma do colégio Sion [4ª série primária] ao Arraial do Cabo, na casa dos pais de uma colega. Lá vi o esqueleto de um ancoradouro e de uma fábrica de enlatados. Eu devia ter 10 anos. É interessante olhar para trás e ver as estórias que contei. Fiz também a do "Fool on the Mountain" de Lennon&McCartney, mas infelizmente já está empacotada.

Divirta-se. Espero que sim.

Antes de sair para o Rio de Janeiro ainda escrevi:

CARTA 18

Recife, 28 de fevereiro de 1994

X,

Provavelmente só lhe entregarei esta em mãos. Mas resolvi registrar aqui algumas observações antes que eu as esqueça.

O psiquiatra veio aqui e fez a entrevista dele de forma menos ortodoxa, fiz várias das observações que eu queria e lhe ofereci uma cópia do livro para comentar se quisesse. Ele quis e a levou. Complementei detalhes que não estavam no livro e discuti algumas concepções, o que é o mesmo que chover no molhado.

Ele, ainda que mais refinado do que a outra psiquiatra, parece-me ir pelo texbook e saber menos do que eu ouvi falar de farmacologia em alguns detalhes. Por exemplo, ele quis me argumentar que devia tomar mais Stelazine porque havia a janela terapêutica e a absorção pelo fígado já levava a maior parte, e que a forma típica de ingestão é de 12 em 12 horas. Eu contra argumentei que isto estava estabelecido para pacientes que evidenciavam mais fortemente os sintomas aos observadores, ou seja, aqueles pacientes que já não podem esconder seus sintomas. Ele argumentou que alguns eram como eu [devo confessar que sou cética a respeito desta observação porque a outra psiquiatra me afirmou no espaço de mais de 8 anos que nunca mais teve paciente com o mesmo nível de percepção--não é para me vangloriar com isso--mas para dizer que mais uma vez o psiquiatra quis minimizar este fato e contestar as hipóteses que coloquei com o que sabe dos livros que leu. Prá mim isso é pouco. Tem que ser doido prá saber mais]. Então ele enveredou para dizer que o Bromazepam era mais específico que o Stelazine e por isso não tinha o mesmo problema de absorção do Stelazine. Que o Stelazine não estava atingindo a minha cabeça. Falou de drogas mais novas, de Risperidona, da prolactina, da sensibilidade dos receptores, do complexo tubero--infundibular, etc. Resolvi contestar pouco, porque a discussão era para que eu aceitasse que ele aumentasse o Stelazine quando eu já sei que mesmo se eu não tomasse mais nenhum, estarei fora do processo automaticamente nas próximas duas semanas porque o DC já passou pelo mínimo e agora está subindo devagar e começando a compor com as CAs novamente.

Eu disse que parei de contestar porque não vale à pena. Contestei entretanto que já havia visto uma pessoa tomando a Risperidona [a filha de G.] e que na minha opinião não está atingindo os mesmos sites que o Stelazine [ainda que pudesse ser questão de dosagem, não acho, estou bastante convicta disso. E mesmo porque se só atingir se aumentar a dosagem, isto também significará menor especificidade]. Por outro lado, o que desisti de argumentar é que não faz sentido argumentar especificidade do Bromazepan e não do Stelazine. O bromazepan leva até cerca de 2 horas para atingir seu efeito, é principalmente um efeito periférico, e provavelmente terá que passar via sistema digestivo como ele quis argumentar para o Stelazine. Entretanto, o Stelazine tem seu efeito iniciado entre 15 e 30 minutos depois de ingerido e é um efeito central. Como pode ser menos específico se age mais rápido? Além disso, A. já tinha comentado comigo que se coloca uma capa de lipídios nestes remédios que são para ter efeito no CNS e que estes são absorvidos muito rapidamente, como por esponjas, para cruzar a barreira cérebro espinhal. Daí o efeito rápido e central. Tenho comprovado isso a baixas dosagens. O aumento da dosagem poderá estar saturando o equilíbrio e começar a sobrar perifericamente. E atingindo fortemente o estômago. Não contestei e não lhe disse nada disso.

Não pude convencê-lo a reduzir sua recomendação a menos que 1mg a cada 12 horas por 10 dias. Eu lhe disse que 1 mg já era demais a cada 24 horas, e demasiado demais a cada 12 horas, pior ainda por 10 dias [assim eu iria virar cliente dele de fato, pensei]. Paguei 20 mil pela discussão e por duas receitas. Ele gastou 2 horas. Eu saí com a certeza de que 1 mg era demais, que estou no fim do processo, que se fosse 1mg por 24 horas por 3 dias já seria demais. Mas, para não ser do contra, tomei 1 hora antes do máximo do ACTH [16:00hs], i.e. por volta das 15 hs. Foi demais. Senti o bloqueio nas várias atividades cognitivas que fiz. Senti inclusive durante uma conversa telefônica com A.L... Por volta das 2:00hs meu estômago quase me mata. Stelazine em excesso parece pedra no estômago.

Resultado: hoje não tomei nada. Amanhã verei. Sempre o horário mais efetivo agora me parece ser muito próximo ao máximo do ACTH. Talvez a janela terapêutica seja isso mesmo. Quanto mais longe do equilíbrio, mais tanto faz o horário desde que seja fixo para formar um condicionamento. Porém, quanto mais próximo ao equilíbrio, mais próximo ao máximo endógeno do produto alvo [no caso o ACTH], para "titular" o pico e contrabalançar o efeito. E esperar para ver se o equilíbrio foi atingido ou se ainda precisa da próxima "gota" do titulador.

Não reclame de mim. Não fiz exames laboratoriais. Aceito fazer um CAT scan quando chegar aí. Aceito encontrar alguém para discutir como colega e ver se se constrói alguma coisa em termos de protocolo de tratamento. Não gosto de pesquisa clínica. Gosto de *pesquisa básica. Mas gosto de sugerir. Parece que muita gente gosta de dar palpite. Eu faço parte desta regra.*

A outra coisa que me parece óbvia é que o correto é fazer amostragem do líquido cérebro espinhal, não no sangue. Talvez uma das fronteiras de equilíbrio que se está procurando possa ser exatamente a barreira cérebro espinhal, onde os excessos indevidos de cada lado fica prejudicando o funcionamento do lado a que não pertence. Será que deu prá entender o que eu quis dizer? Há produtos que pertencem ao CNS e outros que pertencem ao periférico. Se o equilíbrio for deslocado, passam produtos em excesso do CNS para o periférico e vice-versa. O problema fica sendo "aspirar" os excessos de ambos os lados. Se isso fosse verdade, se deveria fazer amostras concomitantes de sangue e fluido cérebro espinhal e comparar as espécies com radicais comuns, fazer contagens de concentração, conhecer que espécie pertence a que meio, e estudar as formas de reconstituir as concentrações "recomendáveis" [àquela pessoa? ou são parâmetros normais a serem caracterizados para a espécie?].

Vou parar por aqui.

CARTA 19

1-mar-94

Resolvi adicionar aqui pedaços de coisas que já falei e que deviam ficar registradas. Desta vez fui mais fundo na psicose. Desde 1987 não havia ido tão fundo. Agora, porque isso aconteceu, dá prá eu organizar de novo e mais claramente algumas das hipóteses que coloquei. Uma delas é que parece que primeiro o pensamento se acelera até uma eventual convulsão que pode chegar a ocorrer completamente ou não. Entre os dias 31/jan/94 e 14/fev/94 isto aconteceu. No dia 14/fev tive o que reconheci como sendo a convulsão de pensamento que já descrevi. Entre 14-17/fev a cabeça ficou num estado que eu diria convulsivante: dores e atividades fortemente concentradas nas regiões tempo-

rais. Entre 17-21/fev passei pelo pior. Acho que este é o estágio em que o DC atinge o mínimo, a motivação é destruída e só predominam motivações absolutamente básicas: começa a se restringir fortemente o número de interlocutores. As atividades continuam concentradas nas regiões temporais mas já atingem as regiões parietais e a parte superior occipital. Entre 21-24/fev, ainda que claramente após o pior, pareceu-me os momentos mais graves e ameaçadores. Aqui, sente-se claramente um vazio, um "tanto faz a vida como a morte" porque já se está derrotado mesmo. Já se foi vencido pelo processo mais uma vez. Já houve destruição mais uma vez. Perda de amigos. Erros cometidos, etc. Acho que esta sensação ocorre não só porque o pior já passou, sendo o pior o DC atingir o mínimo, mas porque agora o DC começa a subir de volta, bem devagar, e começa a compor EM AMPLITUDE com as CAs que já estão lá mas que não se faziam sentir porque o DC estava tão baixo. Acho que é esta composição das CAs com o DC subindo que voltará a criar novamente uma situação semelhante à estrutura da primeira estratégia de sobrevivência: aquela que fortalece a agressão. O problema é que aqui esta estratégia parece fortalecer a "inward aggression" que aparece mencionada na literatura em psicologia clínica e psiquiatria. O organismo parece perceber seu "misfit" e a agressão pode ser voltada ao ambiente ou a autodestruição dependendo do grau de sofrimento imposto. Que a composição das CAs está ocorrendo com o DC que começa a subir parece-me um fato. Foi no dia 24/fev, por volta das 18:30-20:00hs, que não pude continuar a terminar de ouvir a segunda sequência de frequência sonoras d'A Hora do Trem Passar. E depois ocorreu-me que a melhor descrição do fenômeno foi a sensação de levar um eletrochoque que fazia convergir uma onda interna de enormes proporções no sentido extremidades dos braços e das pernas para o coração à medida que as frequências começavam a subir. Senti a sensação mais forte nos braços, e o coração deu saltos de amplitude muito alta e frequência relativamente baixa. Parei a sensação com a interrupção da música. Minha sensação era de que se tivesse continuado eu morreria do coração ali. [Obs: fiz cardiograma e ecocardiograma recentemente para a minha cirurgia em jun/94 e não tenho problemas de coração. Não sei do meu colesterol. Nunca me interessei em saber. Acho que não deve ter problema]. O interressante é que dei um pulo e levantei-me da cadeira tão idêntica e subitamente quanto P. [filha de G.]. Entretanto, P. o fez com a versão fortemente simplificada de O Homem. Entre os dias 24-27/fev a tendência ao sentimento de destruição e de que tanto faz a vida como a morte, do passado eu me esqueci, no presente eu me perdi e se chamarem digam que eu saí esteve fortemente presente. Quando pareceu-me começar a se dissipar, foi coincidentemente a época em que minha irmã A.L. quis fazer algo a respeito e sugeriu uma visita de meus pais [eles não vinham aqui há mais de 7 anos]. Isto acelerou e me ajudou a decidir ir-me ao Rio sem esperar pela decisão do CNPq. Estou tentado sair daqui até 15 de março como lhe disse.

A minha sensação de destruição de nossa amizade começou a se dissipar ontem. Foi o conjunto de músicas que ouvi na JB como também a reconstrução de boas lembranças e uma confiança renovada de que fiz certo e que quem não aguenta ver o que fiz e escrevi não se fará um indispensável amigo. Eu te amo prá caramba. Isso me assusta.

Fiquei também com bastante certeza da qualidade das coisas científicas que estou fazendo. Ontem entendi melhor como consegui conjugar os filtros 1+3 e 2+4. De repente tinha-me parecido tudo ao contrário, mas agora compreendi bem. Gostaria de saber como vocês estão juntando as evidências fisiológicas. Se é que estão juntando e não sou eu que estou exagerando o significado destes resultados. Continuo a achá-lo irrefutável evidência de decomposição no espaço da frequência espacial e em coordenadas polares. Você gostou da parte auditiva? Tenho que pensar mais sobre alguns detalhes. Estou deixando para depois.

O que vale a pena registrar aqui é que, quanto à contagem de radicais idênticos nos dois lados da equação de equilíbrio [sangue e líquido cérebro espinhal, FCE], pode-se fazer um experimento aí na UFRJ ou em Ribeirão Preto. Seria muito simples o design. Basta colocar grupos de ratos em situação normal, ou em tratamentos com Stelazine, Risperidona, Litium, Aldol, Cafeína, etc. Se o animal estiver normal e se ingerir estas substâncias regularmente, o equi-

líbrio irá ser alterado e depois poder-se ia, passado por exemplo, 30-45 do início do tratamento, tirar amostras do sangue e do FCE para contagens de radicais idênticos dos dois lados da equação. Assim como dos íons. Não sei se isso já é feito. Mas parece-me que se for feito, poderia ser utilizado para tentar colocar em equilíbrio pessoas que estão fora deste há bastante tempo e cujo ponto de equilíbrio já se perdeu completamente. Talvez uma das barreiras mais óbvias entre ação/agressão e plasticidade/submissão seja exatamente esta entre o periférico e o central. Porque não examiná-la sistematicamente e com muito cuidado como se fosse uma equação de equilíbrio químico em estado tamponado? [E sabendo as espécies de radicais que mais tipicamente pertencem a um e a outro lado da equação]. Não sei mais nada a respeito para saber se isto já se faz ou quanta besteira estou falando.

Eu disse que não ia lhe mandar mais nada. Mas não vou resistir a mandar esta carta porque minha última carta para você foi muito ressentida e não quero que lhe pese este meu sentimento. Gosto muito de você e não tenho ressentimentos. Eu apenas passei mal, como já passei tantas vezes sem que ninguém mais tomasse conhecimento, nem mesmo A. Desculpe-me se lhe impus ver uma parte de mim que não lhe era desejado ver. Talvez eu não tivesse esse direito. Apenas eu não soube o que fazer sabendo que você estaria na mesma cidade que eu o tempo todo. Isso é um pouco demais prá mim. Pareço enquadrar-me no slogan do Lula: "Sem medo de ser feliz". Eu tenho. Lula é meu apelido colocado por meu pai junto à minha família. Os quadros que pintei antes e depois de casar foram assinados Lula. Não fiz mais quadros desde que cheguei ao Canadá. Fiz várias histórias em quadrinhos para a revista "A Chama" do colégio São Vicente de Paulo. Se alguma vez desejar vê-las, eu lhe mostro.

Vou trocar meu nome. Mas não chegarei ao Rio com a parte legal resolvida porque faltou-me estômago e tolerância para aguentar [e sustentar a amplitude das catecolaminas superposta ao meu DC] face à mesquinharia de A.. O que pareceu-me ser uma frase amiga sua "Não assine nada sem ler antes" no anúncio da folha em 25/fev fez-me finalmente ler o que A. havia proposto e me entregue em 14/jan e que não li porque julguei cor-

retamente não aguentar a intensidade da raiva que eu iria ter. Tive raiva de qualquer jeito mesmo no dia 25/fev, ou seja, 46 dias depois. Fez-me mal, criei um incidente com A. mesmo frente às crianças. As crianças não suportam mais isso. Al. não aguenta e disse que iria desmaiar se continuasse. Foi-me difícil parar porque A. não tem mais a sensibilidade que já teve algumas vezes no passado para ajudar a diminuir a intensidade das emoções durante o conflito.

Vou-me embora nos próximos 15 dias porque não aguento mais o entrar e o sair de A. nesta casa. Nem a oscilação emocional imposta às crianças e à mim [mesmo que seja só por minha causa].

De volta no Recife em 1995

Descrevi como iam as coisas no pessoal e no trabalho:

CARTA 20

As coisas aqui vão bem. Apesar do aperto financeiro, muitas coisas positivas têm ocorrido. Al. está muito melhor. Está fazendo judô e estudando melhor. Dá para ver que várias de suas dificuldades estão sendo superadas. Tive que cancelar uma viagem ao Canadá por sua causa, mas acho que foi melhor assim. Também já fui ao psiquiatra aqui. É O.B., o mesmo que colocou a filha de G. em condições normais por mais de dois anos (isso é um record!). Gostei do jeito dele. Pediu-me para aumentar o trifluoperazine, o que torna difícil o meu trabalho intelectual. Mas estou conseguindo produzir. O laboratório já está funcionando novamente e N., meu aluno de mestrado, está com os dados quase todos coletados. Deverá terminar em mais uns 20 dias. Tenho dois alunos de iniciação do CNPq. Além disso, consegui dois aparelhos condicionadores de ar da reitoria. Também estou esperando um estabilizador de 3kVA da reitoria.

Continua o meu problema com a pós-graduação. Não há interesse em que eu participe. Uma opção é abrir uma pós-graduação em Neurociências. Já falei com RG, mas ele não me pareceu muito animado devido a estar sobrecarregado. Não temos muitos professores que pudessem participar de um programa destes.

Estou lhe escrevendo para enviar este artigo onde, pela primeira vez, tento explicar claramente as idéias de decomposição em frequências radiais e angulares. Gostaria muito se pudesse fazer algum comentário a respeito. Sei de evidências contrárias na literatura sobretudo em textura. Mas o enfoque é sobre o processamento paralelo, simultâneo, de campo inteiro, à baixa frequência, inclusive em situações acromáticas. Enviei cópias para LC e para R. O artigo está sendo submetido a uma "workshop" organizada pela física de São Carlos. Se for lá, acho que vou ter um tempo difícil com A. Watson que trabalhou com Robson. Isto porque, em 1975, Robson já achava impossível uma decomposição em frequências espaciais de campo visual inteiro.

Em resumo

As cartas foram escritas após eu ter dado um boneco do livro que comecei a escrever no período de 1993-1994 ao interlocutor, e mostram, mais do que tudo, a compulsão de escrever e buscar o diálogo, mesmo que monologando. Mostra a confusão mental e a mistura de temas. Demonstra os delírios em meio à lucidez. Exemplifica a confusão e mudança súbita de línguas ilustrada na frase "I got mad in english" ("Eu fiquei irritada em inglês!") e, em seguida, escrevo a carta inteira em inglês.

A intromissão do inglês é uma constante (as traduções se encontram à parte). Preferi deixar no original. Como fiz graduação, mestrado e doutorado no Canadá, aprendi tudo em inglês e muitas vezes achava mais fácil me expressar em termos técnicos dessa língua.

Quase durante o tempo todo ficava escutando a rádio JB acreditando receber mensagens musicais de amor e trabalho, conforme mostram os textos acima. Fazia frases com a ordem das músicas interpretando frases tais como: Phill Collins, era "few callings", "poucos telefonemas", ou "não telefone". "Maria Carrie" era "Maria carry on", "Maria continue fazendo o que você está fazendo" e assim por diante. Às vezes era com frases de músicas, com títulos de música ou com nomes de cantores que eu não conhecia. Eram mensagens que às vezes me agradavam outras vezes me deixavam angustiada. Várias cartas mostram meu desespero e confusão.

Mostram também o carinho por meus filhos, o extremo cuidado, a extrema preocupação com os dois, com seu bem-estar, com os seus sentimentos.

19/fev/94
Elegia
(Pericles Cavalcanti - Augusto de Campos)
Agradeço trilhos urbanos, lembrou-me da garagem dos bondes [mas não lembro de gincharem exatamente assim]
Badauê me encantou. Será que vai dar certo?
Pena que os meninos dançam.
Meus meninos vão comigo para o Rio. Não abrirei mão disso.
Pode deitar e rolar (e quaraquaquar). Eu serei Chapéuzinho.
Você é café.
Não mais verbos do amor.
Meus sonhos não foram bem assim.
Você é linda, Louco por você, O morro não tem vez, Feio não é bonito, Romaria e Não identificado me fizeram bem.
Cartomante inesperado!
Você gostou do Remelexo?
Eu adoro Reconvexo!

> Aquele abraço, Lunik 9
> Só quero um xodó
> Caminhando e cantando!!!

P.S. Prá não dizer que não falei de flores!

Um exemplo de carta com "mensagens musicais"

Uma das últimas cartas mostra eu ter acreditado em haver encontrado um achado científico de suma importância e o meu medo do sucesso. O pedido de proteção do assédio que pudesse ocorrer em consequência do sucesso.

Falo também das estorinhas ilustradas na revista criada por minha mãe, "A Chama", do Colégio São Vicente de Paulo. Incluo aqui três dessas estórias idealizadas e desenhadas por mim aos 21-22 anos.

9 Zézinho era um menino que passava

o dia fazendo o que ninguém da aldeia fazia;

10 ...vendo televisão e escutando rádio.

11 E achava que a aldeia inteirinha devia fazer o mesmo. E tentava mostrar a todos as maravilhas da televisão.

12 A ciência, a técnica,

13 A comunicação com o mundo, a "Aldeia Global",

14 (exceto talvez aquela aldeia...)

15 ...eram maravilhas tão grandes que ele não compreendia como é que eles não conseguiam vê-las... mas...

16 ...havia algo também que o Zézinho não conseguia ver e que a televisão não ensinara;

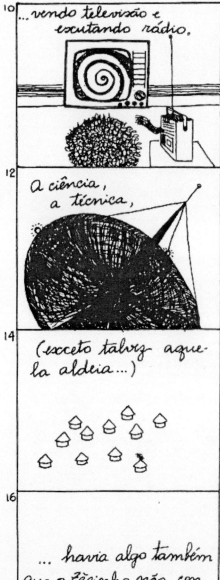

A ALDEIA (2ª parte) por Lula

1. E NAQUELE DIA CHEGOU A NOVA FÁBRICA À ALDEIA.

2. AS CRIANÇAS CORRERAM PELA PRAIA AO AVISTAR O PÁSSARO...

3. QUE O ZÈZINHO CHAMOU HELICÓPTERO.

4. DEPOIS VIERAM BARCOS ENORMES QUE ANCORARAM AO LARGO...

5. E DESPEJARAM INÚMERAS MÁQUINAS.

6. E VIERAM HOMENS, MUITOS HOMENS.

7. E NADA DO QUE TINHA NA ALDEIA SERVIA PRÁ ELES.

8. E TUDO ERA NOVIDADE!

MARIA LÚCIA DE BUSTAMANTE SIMAS

Quadrinhos

por Lula
A ALDEIA — (PARTE · III)

MARIA LÚCIA DE BUSTAMANTE SIMAS

ESQUIZOFRENIA: SEUS FENÔMENOS PERCEPTIVOS E COGNITIVOS NA PRIMEIRA PESSOA

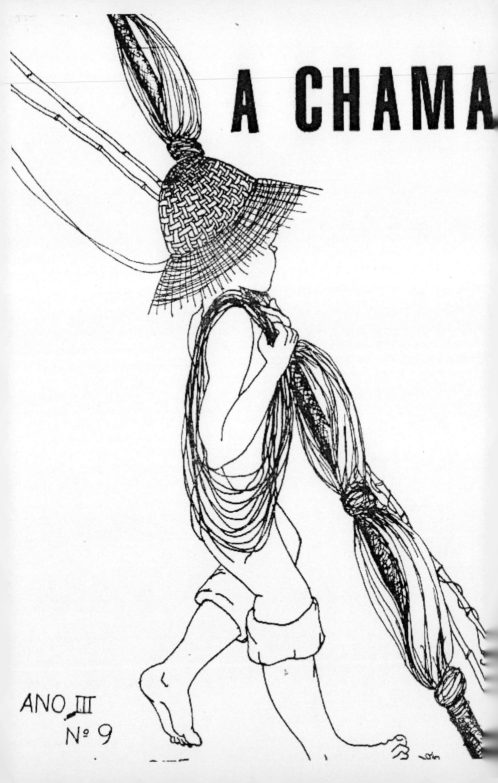

PARA FINALIZAR

O objetivo principal deste livro, além de mostrar a esquizo-frenia vista por dentro, é mostrar que, apesar de tudo isso que passei, sobrevivi a um divórcio, mantive meu trabalho, criei meus filhos, permaneci bolsita pesquisador 1C do CNPq de 1991-2012, quando finalmente não aguentei mais o ritmo em função do agra-vamento da minha asma.

Mas eu não teria conseguido nada disso se eu não tivesse compreendido, ainda que os médicos não me houvessem dito diretamente, que eu tinha que manter o medicamento antipsi-cótico *o tempo todo, para o resto da vida*. Isto é, tomar o antip-sicótico diariamente para o resto da vida e aprender a trabalhar e viver normalmente, apesar das consequências indesejáveis de tomar um antipsicótico. Elas são altamente indesejáveis logo após o surto. Com o tempo, fiquei cada vez melhor e mais lúcida.

Aprendi a me monitorar, saber dialogar com minha psi-quiatra para a entrada de algum antidepressivo, alguma troca de antipsicótico, algum ajuste aqui ou ali em virtude dos sintomas percebidos, do estresse, ou outros sintomas psicológicos que aprendi a identificar. Mantenho-me alerta e equilibrada. Meu último surto foi em 1994, aqui descrito em detalhes.

Hoje, outubro de 2017, moro sozinha, tenho 64 anos, meus filhos independentes, mudei o antipsicótico da ziprasidona para o aripiprazol. Estou bem adaptada. E estou organizando o I Fórum Nacional sobre Esquizofrenia, I FONAE, com o objetivo maior de ajudar a quem sofre desse mal.

REFERÊNCIAS

Donald, M. W. (1991). *Origins of the Modern Mind*. Harvard University Press, Cambridge, MA.

Grandin, T. (2009). *Thinking in Pictures*. Bloomsbury Publishing, Kindle Edition.

Modesto, F. S. F. (2012). *Alterações na percepção visual de forma e tamanho em pacientes com esquizofrenia*. Dissertação apresentada no Programa de Pós-Graduação em Psicologia, UFPE.

Simas, M. L. & Santos, N. A. dos. (2006). "Narrow-band 1, 2, 3, 4, 8, 16, 24, 32, 48, 64, and 96 cycles/360 degrees angular frequency filters". *Spanish Journal of Psychology*, 9 (2): 240-8.

Simas, M. L. B. & Santos, N. A. (2002a). "Narrow band 1, 2, 3, 4, 8, 16 and 24 cycles angular frequency filters". *Brazilian Journal of Medical and Biological Research*, 35: 243-253.

Simas, M. L. B. "The multiple-faces phenomenon: some investigative studies". *Perception*, 29 (11): 1393-1395, 2000.

Simas, M. L. B., Nogueira, R. M. T. B. L. & Santos, N. A. (2005). "Radial frequency stimuli and sinewave gratings seem to be processed by distinct contrast brain mechanisms". *Brazilian Journal of Medical and Biological Research*, 38: 419-430.

Simas, M. L. B., Nogueira, R. M. T. B. L., Menezes, G. M. M., Amaral, V. F., Lacerda, A. M. e Santos, N. A. (2011). "O uso de pinturas de Dalí como ferramenta para avaliação das alterações na percepção de forma e tamanho em pacientes esquizofrênicos". *Psicologia Usp*, São Paulo, 2011, 22 (1): 67-80.